中共海南省委宣传部与海南大学共建马克思主义学院成果

国家治理现代化中的德法互济研究

吴清一 ◎ 著

MUTUAL SUPPORTING OF MORALITY
AND LAW IN THE MODERNIZATION
OF COUNTRY GOVERNANCE

中国社会科学出版社

图书在版编目(CIP)数据

国家治理现代化中的德法互济研究 / 吴清一著. —北京:中国社会科学

出版社, 2018.4

ISBN 978 - 7 - 5203 - 0774 - 1

Ⅰ.①国… Ⅱ.①吴… Ⅲ.①国家 – 行政管理 – 现代化管理 – 研究 –

中国 Ⅳ.①D630.1

中国版本图书馆 CIP 数据核字(2017)第 181659 号

出 版 人　赵剑英
责任编辑　许　琳
责任校对　杨　林
责任印制　李寡寡

出　　版　中国社会科学出版社
社　　址　北京鼓楼西大街甲 158 号
邮　　编　100720
网　　址　http://www.csspw.cn
发 行 部　010 - 84083685
门 市 部　010 - 84029450
经　　销　新华书店及其他书店

印刷装订　北京君升印刷有限公司
版　　次　2018 年 4 月第 1 版
印　　次　2018 年 4 月第 1 次印刷

开　　本　710×1000　1/16
印　　张　10.25
插　　页　2
字　　数　145 千字
定　　价　68.00 元

目　　录

第一章 绪论

国家治理现代化是当代中国最大的社会现实。从统治走向治理，是人类政治发展的普遍趋势。治理就是"治国理政"，作为人类的一种基本政治活动，它存在于古今中外的每一个国家和每一种文明之中。然而，作为政治学的一个重要新概念，它则是当代的产物。党的十八届三中全会，把"完善和发展中国特色社会主义制度，推进国家治理体系和治理能力现代化"作为全面深化改革的总目标，是重大的理念创新。"国家治理体系和治理能力现代化"，简单地说就是国家治理现代化。党的十八届四中全会进一步提出了"建设中国特色社会主义法治体系，建设社会主义法治国家"的总目标。这个总目标的确立，朝着党的十八届三中全会确立的"完善和发展中国特色社会主义制度，推进国家治理体系和治理能力现代化"总目标迈出了关键性的一步。善治意味着官民对社会事务的合作共治，需要法律与道德共同发挥作用，才能实现国家与社会关系的最佳状态。国家治理现代化中的德法互济这一命题对当代中国的社会现实具有一定的学术价值与实践意义。

第一节　研究背景与研究意义

一　研究背景

坚持社会主义法治体系建设，要坚持中国自信和中国制度思维。在推进社会主义法治体系建设过程中，要积极培育、践行中国制度以及治国理政和社会主义法治的思维，也就是依法治国与以德治国结合的思维。古人说："道之以政，齐之以刑，民免而无耻；道之以德，齐之以礼，有耻且格。"说的就是德法兼治的治国理政思维。1997 年 9 月，江泽民在党的十五大报告中阐述了"依法治国"的思想。2000 年 6 月，江泽民《在中央思想政治工作会议上的讲话》中指出："法律与道德作为上层建筑的组成部分，都是维护社会秩序、规范人们思想和行为的重要手段，它们互相联系、互相补充。法治以其权威性和强制手段规范社会成员的行为；德治以其说服力和劝导力提高社会成员的思想认识和道德觉悟。道德规范和法律规范应该互相结合，统一发挥作用。"2001 年 1 月，在全国宣传部长会议上，他明确提出了"把依法治国与以德治国紧密结合起来"的治国方略。在 2001 年《公民道德建设实施纲要》中明确要求积极营造有利于道德建设的社会氛围，努力为公民道德建设提供法律支持。

党的十八大以来，国内外高度关注新一届中央领导集体的治国理念、执政风格、执政特点等。从社会主义核心价值观的确立到"中国梦"的提出，从重拳反腐到全面从严治党，从全面依法治国到"四个全面"的整体性构建，从"新常态"的提出到简政放权释放活力，等等。这一系列治国理念不仅是顺势而为，反映了对新时期新问题的准确把握，而且是对未来长期发展态势的准确预判。可以说，治国理政是当下中国实践的重点，是理论的主要生长点，有关治国理政思想是党的十八大以来战略思想的最主要内容和最突出特色。"坚持依法治国和以德治国相结合"，就是其中之一。我们党治国理政中必须准确把握这一基本原则，不仅要充分认识法治与德治各自的独特地位和功能，而且要深刻认识法治与德治的内在联系，始终坚持一手抓法治、一手抓德治，把依法治国与以德治国紧密结合起来，着力实现法律和道德相辅相成、法治和德治相得益彰，更好地使法律和道德共同发挥作用，不断提高国家治理体系和治理能力现代化水平。

2012 年，胡锦涛在党的十八大报告中指出，全面提高公民道德素质，要坚持依法治国和以德治国相结合。2013 年，习近平在中共中央政治局全面推进依法治国第四次集体学习会议上强调：要坚持依法治国和以德治国相结合，把法治建设和道德建设紧密结合起来，把他律和自律紧密结合起来，做到法治和德治相辅相成、相互促进。2014 年，为贯彻落实党的十八大做出的战略部署，加快建设社会主义法治国家，党的十八届四中全会提出了"全面推进依法治国，总目标是建设中国特色社会主义法治体系，建设社会主义法治国家"。党的十八届四中全会提出，"坚持依法治国和以德治国相结合。国家和社会治理需要法律和道德共同发挥作用。必须坚持一手抓法治、一手抓德治，既重视发挥法律的规范作用，又重视发挥道德的教化作用，以法治体现道德理念、强化法律对道德建设的促进作用，以道德滋养法治精神、强化道德对法治文化的支撑作用，实现法律和道德相辅相成、法治和德治相得益彰"。习近平 2016 年 12 月在主持中共中央政治局第三十七次集体学习时强调："法律是准绳，任何时候都必须遵循；道德是基石，任何时候都不可忽视。在新的历史条件下，我们要把依法治国基本方略、依法执政基本方式落实好，把法治中国建设好，必须坚持依法治国和以德治国相结合，使法治和德治在国家治理中相互补充、相互促进、相得益彰，推进国家治理体系和治理能力现代化。"这从理论层面提出亟待论证的学术命题：如何在国家治理现代化的进程中正确地把握道德与法律之间的关系，正确把握以及系统实现法治与德治相结合，发挥道德与法律在国家治理中的互济作用。

二　研究意义

在推进"建设中国特色社会主义法治体系，建设社会主义法治国家"的进程中，我们应"坚持依法治国和以德治国相结合"，注重法治与德治的中国性研究，从理论层面揭示出法治与德治的中国性征以及其中国语境，为当下国家治理提供具体的启示。立足于现实的社会语境，以国家治理现代化为切入点开展德法互济的研究，具有研究的现实意义。依法治国与以德治国应当贯穿于整个社会系统之中，揭示如何从社会系统的不同维度实现德法互济。但是，在当前社会转型以及国家治理现代化的大背景下，如何系统地、具体地提出符合国情的德法互济的有效实施路径，对于有效实现道德在法治建设中的价值，坚持法治建设中道德发展的正确方向，乃至对实现依法治国与以德治国相结合的治国理政方略都具有一定的现实意义。

在学术上，在西方近现代法哲学史上，道德与法律的关系自古以来是法哲学领域中亘古常新的论题。在古罗马时期法学家就对道德与法律的密切关系展开了讨论。现代西方学者提出了许多具有启发性的见解，明确了道德与法律的差异，还认识到了道德与法律的相互补充和相辅相成的关系。中国古代长期处在儒家思想占主导地位的意识形态之下，主要表现的是"德主刑辅"。当代中国正处于转型时期，学术界从 20 世纪 90 年代起就开始对道德与法律相互转化展开讨论。尤其是"以德治国"和"依法治国"理论的提出，促使道德和法律相互转化的研究成为研究者们关注的焦点问题。研究者认为道德与法律既隶属于不同的上层建筑，但又有密切的联系。主张道德法律化使社会规范体系结构更为合理，主张法律道德化则是更为强调法律规范内化为道德意识。总体而言，国内研究者对道德和法律关系问题的研究重点还是放在意义及价值上，对于道德和法律相互关系的原因、条件、依据以及机理等尚缺少较为系统的研究。本书从历史溯源中深入分析德法互济的学理基础，对道德与法律的互济共融趋向做出明确的判断，并根据国家治理中德法互济的现实诉求，对德法互济进行重新审视，力图从宏观上描绘道德与法律互济的动因，深入研究道德与法律的双向良性互动关系，以及道德与法律秩序的最终归宿，以使社会秩序最终能够符合人性，服务于人之发展。因此，国家治理现代化中的德法互济这一命题具有学术价值与实践意义。

第二节　国内外研究综述

一　关于道德与法律关系的研究

西方学者关于法律和道德的关系的研究主要有三种路线和观点：一条是自然法学派路线，主张道德是法律的基础；一条是实证主义法学派路线，主张法律和道德相分离；一条是社会法学派路线，主张法律与道德的分与合。在法学史上，西方许多思想家对法律与道德的关系做了深入的研究和丰富的论述。

一是关于道德是法律的基础的研究。古希腊和古罗马的自然法主要是一种自然主义的自然法。亚里士多德主张普遍的自然主义城邦观，认为国家政治和人们生活的准则就是自然法则。西塞罗继承了古希腊的理性主义思想传统，在《国家篇　法律篇》中系统地论述了理性、正义和自然法理论。他把法律与理性紧密联系起来，认为与自然理性法则相通的法律就是自然法。以托马斯·阿奎那为代表的神学自然法学家则强调上帝和神的理性法则是制定法律的基础和依据。近代古典自然法学家格劳休斯、霍布斯、洛克、孟德斯鸠等认为人的本质和理性是人为法存在的基础和依据。近代自然法是以人的自然状态理论、天赋人权理论、契约论等理论为出发点和特征的。洛克在《政府论》中指出，在进入社会之前人类处于一种自由和平等的状态，自然状态下人们有普遍的和基本的天赋权利：生命权、自由权、财产权，一切国家的法律必须以自然状态中的自然法则为根本依据，才是正义的和有效的。孟德斯鸠在《论法的精神》中指出，法的精神是由事物的性质产生出来的必然联系，自然法的本质就是人类理性。人类理性就是人类社会建立之前存在的规律和法则：和平、自我保存和互相爱慕。自然法是人为法的基础，并且是人为法实现的目标，每个国家的政治和民事法规就是把人类理性适用于个别的情况。富勒的新自然法学的突出贡献在于，他不仅主张法律的实体道德性，而且系统地论述了法律的程序道德性，对"法律的内在道德"做了开创性的研究。罗尔斯在《正义论》中广泛地研究社会正义问题，他指出正义是社会制度的首要价值。正义的对象是社会的基本结构，而现代社会制度的基本结构就是通过法律制度来确立的。法律就是要平等、正义地划分公民的基本权利和义务，划分由社会合作产生的利益和负担。罗尔斯提出了正义的两个原则，第一个原则是平等自由的原则，第二个原则是机会的正义平等原则和差别原则的结合。德沃金把政治道德置于法律之上，主张作为政治道德原则之具体化的法律原则本身蕴含着道德内容，权利使法律更为道德，法律的正当性在于法律的道德权威。在他看来，只有能够保障公民受到平等关怀与尊重之权利的法律才是正当的法律，才值得该政治共同体中的公民自愿遵守和服从。在疑难案件中，应依据原则论据进行判决，贯彻"整体性"这一法律的内在道德之要求。当法律本身的正当性不明确或司法判决不合理时，公民在一定情况下可以"善良违法"的方式抵制它们。

二是关于道德与法律的分离关系的研究。奥斯丁将功利主义和实证主义结合，创立了分析实证主义法学，主张法律从道德中分离出来。他对法律的实质进行了分析和分类，认为法律源于主权的命令，法律就是实在法，法律的发展虽然受到道德的影响，但是法律和道德不存在必然的和概念上的联系。法律是一种实际的存在，法律无论其好与坏，人们都必须服从。凯尔逊在奥斯丁的基础上创立了纯粹法学，从结构上分析实在法，研究法律的概念和形式。在《法与国家的一般理论》中，他主张把法学研究从社会的政治、经济和历史条件中脱离出来，研究法律规范本身，而不去探讨和回答法的起源、本质和作用，不过问法律的好坏和法律能否达到某种目的以及效果如何。他指出，法律问题作为一种科学问题，是社会技术问题，而不是一个道德问题。作为分析实证主义法学代表的哈特秉承了奥斯丁和凯尔逊的思想，宣称法律是一个道德上中立的、相对自主的规则体系，道德与法律在逻辑上或概念上没有必然联系，道德规则与法律规则之间存在相似之处，更存在不容忽视的差异。哈特把法律看作规则体系的总和，在《法律的概念》中他坚持分析法学将法律和道德相分离的基本立场，以逻辑实证主义哲学、概念和语言的分析方法去研究法学问题。哈特不同意奥斯丁的法律概念命令说，他认为法律就是由主要规则和次要规则构成的，即义务规则和承认规则。为了回应自然法学的道德追问，哈特在《法律的概念》中还提出了"最低限度的自然法"理论，表现了一种向自然法学妥协和靠拢的特征。他主张，作为一种事实存在的承认规则（rule of recognition）是法律效力的判准，恶法亦法，法律的存在与法律的被遵守是两码事，对法律持"内在观点"也并非一定出于道德理由。于是，哈特以"合法律性"（legality）来解释和替代法律本身的"正当性"（legitimacy），坚持法律与道德相分离的命题。

三是关于法律与道德的分与合的研究。社会法学派试图在自然法学与实证主义法学中寻求中间道路，既反对把道德与法律截然分离，又反对把法律等同于道德。作为该派奠基人之一的涂尔干指出，在传统社会中，"社会成员平均具有的信仰和感情的总和，构成了他们自身明确的生活体系，我们可以称之为集体意识或共同意识"。它促使人们之间形成一种社会凝聚力和集体归属感，维系着社会团结和社会秩序。他将宗教视为一种超越个人的集体意识的体现，把原始的道德和法律建立在宗教的基础之上，认为它们的有效性源于其神圣基础，并以这种集体意识的形式表现出来，与宗教混同在一起，共同发挥着社会整合功能。法律有着一种方法论的功能，是一个社会的道德模式和社会整合形式的外在表征。他也意识到，道德的社会必须是正义的社会，建立在合意之上的契约还是不够的，契约必须是正义的契约。韦伯主张，西方文化的合理化，影响着道德与法律之正当化基础。他坚持价值无涉的立场，认为道德与法律是相互分化的。韦伯把正当化类型区分为传统型、情感信念型、价值合理型以及法理型，反对法律的实质化，主张正义要求渗入法律之中是对法律形式合理性的破坏，甚至威胁法理型统治的正当性基础。他还反对法律主外而道德主内的理论主张，认为法律后果与主观因素相关联，道德也制约着人的外在行为。可见，韦伯的主张带有法律实证主义的色彩，凸显的是道德与法律的分离，法律的正当性即合法律性。庞德将法律的运作类比为一种社会工程（social engineering），主张法律的作用在于以最小限度的浪费来尽可能最大限度地满足各种相互冲突的利益需求。社会利益是衡量法律优劣的标准，法律的正当性就在于其作为一种社会控制手段所达到的社会目的。在他看来，道德与法律关系处于一个动态的发展链条之中。在《法律与道德》中，庞德分别从历史的、分析的和哲学的三个层面对道德与法律关系的观点进行了历史考察和总结，认为19世纪的历史法学派、分析法学派和哲理法学派没有全面地把握两者的关系，主张依据法律的不同发展和在不同时期的目的来分析两者的关系。哈贝马斯试图重新定位道德与法律关系。他认为，在后俗成阶段（现代社会），道德与法律从混合走向相互分离，法律承载着重要的社会整合功能，它以自身的特性弥补道德在功能层面和规范层面的缺陷。道德与法律的相互区别和相互补充关系决定了法律的道德论证在后俗成阶段是行不通的。法律的正当性意味着法律本身具有被认可或被自愿信奉的价值，它不能仅仅以民众对法律的认可或信仰这一事实上的合法律性来评判，而是来源于民主立法程序与道德论辩之间的相互交叉。道德与法律之间存在着不可分割的内在关联，道德通过适当程序可渗入法律之中。

由于中西法学的问题意识不同，中国的法学家在改革开放以来在法律与道德问题的研究上和西方法学家有不同的视角，他们更多地关注法律与道德各自的功能、地位和作用、道德和法律的相互转化、法治和德治等问题。这些比较宏观的问题研究也迎合了改革开放时期对处理法律和道德关系的总体策略和方法的需要。1980 年至 2014 年，在论文篇名中同时含有"道德"和"法律"两个词的论文有 5047 篇，有"法治"和"德治"两个词的论文有 1085 篇。在法律与道德问题方面，国内出版的专著比较重要的有《法律的道德批判》《法律的道德历程：法律史的伦理解释》《德法之辨：现代德法次序的哲学研究》等。这些论文和专著中并没有关于"德法互济"方面的全面系统性的研究。国内学者们对道德与法律关系的探讨主要集中在以下几个方面：

一是关于道德与法律的地位和作用的研究。多数学者认为：道德与法律是社会调整体系中带有很强互补性的重要调整手段，现代社会应以法治为主。一些学者本着在对立中寻求统一的辩证态度，对市场经济条件下道德与法律的冲突与协调进行了探究，希望以此有助于在现实生活中达成二者关系的良性循环。如刘笃才、杨松的《市场经济条件下法律与道德的冲突》；刘作翔的《法律与道德：中国法治进程中的难解之题》；李平、蒋红雨的《法律与道德协调发展对法治实现的重大意义》；等等。有的学者还就道德与法律何者更为重要进行探讨。如孙国华、王梅在《法律与道德在现代社会调整体系中的地位》中指出，对道德与法律存在的必要性与重要性进行研究或比较，必须与特定的社会物质生活条件和历史发展阶段相联系，研究表明，在现代社会法律是更为有用的调整杠杆。

二是关于道德法律化和法律道德化方面的研究。在道德法律化方面，徐茜主编的《道德法律化有关问题研究》一书在道德和法律在社会调控目标和价值取向的一致性方面为道德法律化提供了最基本的基础，分析出二者调整方式的共同性、调整范围的相容性，也为道德法律化的可行性提供了现实空间；同时指出道德法律化是克服道德的天然弱点的必然要求，是法的实现的必然要求，也是社会主义市场经济的必然要求。黄世虎、胡浩飞的《道德法律化：当前道德建设的重要途径》提出，道德法律化是当前强化道德约束的有效手段，是社会主义市场经济条件下道德建设的重要途径之一，是当前强化道德风气、树立道德精神的疗救之途。陈柄水的《道德立法：社会转型期道德建设的法律保障》指出，纵观古今中外道德文明的发展历史，通过道德立法来提高人们遵循道德规范的自觉性，已经成为各国加强道德建设的一种主要手段。在法律道德化方面，如范进学在《法学评论》发表的论文《论法律道德化》中指出：法律道德化，是使法律内化为更高的道德权利与道德义务的过程，更是法律得以被社会主体普遍遵守乃至信仰的过程。由是观之，由道德法律化到法律道德化，当是人类由人治走向法治的自然历史过程。

三是关于道德与法律相互关系的研究。有的学者认为，法治建设不仅关系法律的健全本身，而且关乎我国道德建设和精神文明建设的基本走向。因而要大力提倡以法治推进道德建设。如曹刚所著的《法律的道德批判》坚持了自然法学的立场，认为法律和道德是存在必然的联系的，并主张用道德的尺度对法律进行审视和批判。段晓梅在《西方思想史上关于法律与道德关系的论争》中，通过比较和分析自然法学和分析法学的观点，最后提出了对法律与道德进行整合的观点。文章指出法律和道德是相互区别的，有着各自的本质和特点。但是法律的发展受到道德的影响，法律的发展也影响着道德，二者又相互联系。朱群芳在《论法律与道德的冲突及其协调》一文中，着重对法律与道德的矛盾冲突进行了研究，并主张法律与道德实现一种相互的协调和统一。文章分析了法律与道德冲突的原因在于法律和道德之间存在差异性，并且法律和道德都有各自的局限性。法律和道德通过整合可以实现统一，道德支持法律的运行，法律实现道德的目标，二者相得益彰。任天飞在《自然法的道德问题——兼论道德和法的关系》一文中对自然法思想进行了一种超越性的分析。文章把自然法概括为道德法，主张超越自然法的单一概念和理论，实现法律与道德在内容、运行和目标上的协调。与此相异的观点是：只要是全面地以法律去执行道德，道德所蒙受的损害就必定是致命的，因为法律化了的道德，从一定的角度来说是反道德的，强迫人们行善的后果只是取消了善行。黄文艺在《分析法学三论》中对分析法学的理论形态、共同信念和学术贡献进行了研究，尤其是研究了分析法学的认识论基础和方法。文章指出实证主义哲学观影响和支配着分析法学家的思维模式、理论兴趣、研究范围与研究方法，是分析法学保持统一与独立的思想基础。

二 关于国家治理中德治与法治关系的研究

在国家治理方面，西方学者集中在几个方面展开了研究：一是对治理的基本特征展开论述。联合国发展署的定义比较全面地阐释了治理的核心特点：治理是指一套价值、政策和制度的系统，在这套系统中，一个社会通过国家、市民社会和私人部门之间或者各个主体内部的互动来管理其经济、政治和社会事务，它是一个社会通过其自身组织来制定和实施决策，以达成相互理解取得共识和采取行动。西方学者区分治理与统治，将治理看作各方主体在应对国家、社会和公共事务中体现的合作关系，在权力关系上认为不是自上而下，而是多中心的方式。二是国家与社会层面对治理展开立体化、多层次的研究。鉴于西方社会悠久的民主法治传统、发达的市场经济以及强大的市民社会，治理的具体落实渗透至国家与社会生活的各个领域。国家治理、政府治理、公共治理、城市社区治理等主题都是现代西方学术话语的热点，并被置于现代性、全球化、气候变化、文化多元化等语境中加以研讨。近些年，随着全球化的推进，不少西方学者提出全球治理，重新反思国家与社会之间，突破传统的民族国家思考框架，全球化时代针对全球性、人类性的事务展开治理。三是民主法治在治国理政中的重要地位。西方文明史表明，法治是西方现代民主国家治理的重要方式，也是西方国家治理的重要经验。2014 年，福山出版了《政治秩序的起源》的第二卷《政治秩序和政治衰败：从工业革命到民主全球化》。在这本最新著作中，福山把强有力的政府、法治以及民主问责制看作维系现代政治秩序的三个最基本要素。四是注重治理中制度与规则的协同并进，强调制度作用背后人的因素。西方国家的公民意识、公民观念为国家治理提供了重要的支撑，与制度建设一起双管齐下，共同实现社会的协同治理。英格尔斯的现代化理论，强调人的现代化是现代化之本，也是国家治理的重要内容。罗尔斯的正义理论在坚持制度正义的同时，也指出了与之相适应的公民正义感的重要性。20 世纪 90 年代之后，公民成为政治哲学领域的主题。与之相应的，在实践中，20 世纪 80 年代开始的新品格教育是公民美德走向实践的具体尝试。

国内学者在国家治理中的德治法治方面的研究主要聚焦几个主题。第一是对习近平总书记治国理政思想进行总结归纳。吴传毅认为，习近平治国理政的基本框架与核心思想可以归纳为"四个一"，即一条主线：坚持和发展中国特色社会主义；一个目标：为民族复兴的"中国梦"而奋斗；一个中心：保持经济持续健康发展；一个动力：全面深化改革。朱继东认为，习近平总书记在治国理政中谈到了道德建设问题，无论是坚持道德建设的社会主义方向和借鉴中华民族优秀道德文化，还是发挥领导干部、道德模范在道德建设中的模范带头作用，以及坚持依法治国以德治国相结合、形成全民主动参与道德建设的良好氛围等，都为新时期的道德建设凝聚起了更强大的正能量。田宪臣认为，习近平治国理政思想的核心内容包括以下三个方面：实现中华民族伟大复兴的中国梦，这是习近平治国理政的政治宣言；实现中国梦必须坚定不移地走中国特色社会主义道路；必须协调推进"四个全面"的战略布局。第二是对中国共产党国家治理的经验总结。柳建辉认为，党的十六大以来，中国共产党坚持基本路线，立足基本国情，以经济建设为中心，坚持两个基本点，全面推进社会主义市场经济、民主政治、先进文化、和谐社会建设以及生态文明建设，中国特色社会主义道路越走越宽广，治国理政的经验越来越丰富。袁学清指出，中国共产党执政兴国积累了一系列宝贵的经验教训：必须坚持实事求是的马克思主义思想路线；坚持市场经济发展方向；坚持"理性"执政和"廉洁"执政：坚持科学执政、民主执政、依法执政；坚持反"左"防"左"方针。党执政的历史经验和教训，都是党宝贵的政治和精神财富。田克勤认为，要从党治国理政的历程中汲取最宝贵的经验。第三是国家治理的多视域研究。不少学者将治国理政放在"国家"以及国家与社会关系的角度来分析。胡伟认为"治国理政"这一命题隐含着政治上的一元与多元、现代与后现代的内在张力。刘军从马克思的国家理论审视治国理政问题，认为马克思的国家理论现代国家治理的核心原则和价值目标要坚持以人为本，进而促进人的自由全面发展。杨雪冬认为，要从全球化视域理解国家治理现代化中国全面参与全球化，为国家治理现代化增添了全球向度，因此要从协调国家与国内社会、国际社会双重关系的角度出发，来思考治国理政面临的问题、发展的方向以及着力的重点。肖锋鸣认为，在人类历史上，为了维护国家的长治久安，历代执政者和思想家提出各种各样的治国方略。在这些治国方略中，唯有法治以其具有理性之治的品格而备受青睐，这是因为法治是人类社会进步的标志，是治国理政的应然向度。

关于法治与德治关系的研究，学术界研究基本上坚持认为两者之间是相辅相成、相互结合关系。代表性观点主要有：张颢认为在中国政治文明和精神文明的历史长河中，有不少开明的思想家和政治家都曾萌发或提出过治国既不能没有法治，又不能没有德治的思想，而且认为只有两者兼用才是治国之大道。叶涛认为是社会主义市场经济的必然要求。社会主义市场经济又是道德经济，需要道德的支撑和约束。只有法治与德治达到和谐统一，才能真正促进社会主义市场经济的健康有序发展。单玉华认为，法治与德治是国家宏观管理的两个基本手段。法治作为社会宏观管理的硬约束手段，德治作为社会宏观管理的软约束手段，二者既相互独立，又相辅相成，从不同角度共同发挥着社会治理的作用。孙莉认为，德治及其传统之于中国法治进境认为，德治对于我们，不仅意味着曾经的治式（传统德治），意味着传统（德治传统），且意味着当下的治式选择（以德治国方略），传统德治、德治传统与德治的当下治式间确乎存在某种生命意义的关联，而它们对于中国法治进境的意义也是独特的。戴木才较为系统地阐述了现代政治视域中的法治与德治关系，认为在现代政治视域中，宪法政治制度是法治与德治辩证统一范式确立的标志，是现代德法结合的制度化形式。它从根本上体现了政治价值与政治制度的有机统一，从价值和制度即德治和法治两方面确立起现代政治的正当性基础。关于法治与德治的结合路径，主要的观点有：一是加强法律和道德体系建设；二是处理好党与法的关系，坚持从严治党，严治吏；三是加强公民的法律教育和道德教育。总的来说，国内学界在法治与德治关系上基本上秉持相互结合、相互补充的论调。但在具体德治和法治的地位上，有学者强调法治的主导地位，德治的辅助作用。孟兰芬认为，德治只能作为法治理论的重要补充，法治与德治两个关系应为治国基本方略与治国辅助手段的关系。李林认为，从法治与德治的区别来看，法治应当发挥主要作用。

综上，关于国家治理、道德与法律的关系、德治与法治的关系等研究主题，在国外都得到了相对充分的关注和研究，为本研究提供了大量可借鉴的资料。西方国家在现代国家治理形成了完整的理论，积攒了丰富的经验，对我们具有积极的启示。无论是理论界的共识，还是西方国家治理的经验，法治现代化是国家治理现代化的重要经验。然而，学术界缺乏对道德与法律关系这一问题的深入、系统的研究。在道德与法律的具体实践过程中，无论伦理观念、文化传统、认知习惯等因素的影响，人们对道德与法律之间这种引导被引导关系已经有了心理定位和理解上的偏差。因而大部分研究是单纯从伦理道德的视角来阐述其调节社会的作用，或独立地从法律的角度评价、解决、阐述社会问题的，还有一些学者更多的还是侧重从单一的角度论述"法律道德化"与"道德法律化"问题。即使是研究道德与法律的关系，只在二者的区别与联系方面有所论及，少有将二者统一起来进行研究的。较多的一类研究是在某一方面涉及道德与法律的相互作用，或是侧重于二者各自发挥作用领域上的研究，对道德和法律关系问题的研究重点还是放在意义及价值上，对于道德和法律相互关系尚缺少较为系统的研究。

关于国家治理中德治与法治关系的研究，国内学者相关研究的基本特点在于：一是评述性的研究占据主导。尽管法治与德治作为政治话语不断被提出，但无论是理论还是实践中，人们对法治的认识并非那么深刻。在中国法治进程刚开启不久，人们迫切需要一场法治知识的洗礼，在学理层面的表现就是对法治的一般性的介绍。二是西方导向明显。对于法治研究，一个明显的特点就是以西方民主法治国家的经验和做法，尤其是美国作为经典的范本，极端的研究者甚至有全盘引入的主张。三是国家治理本土化的呼声明显。随着人们对治理研究的逐步精细，逐渐意识到国家治理背后深层面的社会文化根基，不少人呼吁从中国本土经验和历史文化资源入手展开现代治理的建构。

总的来说，法治与德治之间关系并未获得充分的研究，大部分研究是单纯从伦理道德的视角来阐述其调节社会的作用，或独立地从法律的角度评价、解决、阐述社会问题的。即使是研究法治与德治的关系，只在二者的区别与联系方面有所论及，少有将二者统一起来进行研究的。较多的一类研究是侧重于二者各自发挥作用领域上的研究，对法治和德治关系问题的研究重点还是放在意义及价值上，对于法治和德治相互关系尚缺少较为系统的研究。

本研究在分析德法互济的学理基础、历史溯源的理论界域的基础上，着重剖析道德与法律互济的动因，深入研究道德与法律的双向良性互动关系，道德与法律在国家治理中互济作用的具体方式，努力探索并建构有中国特色的国家治理中德法互济作用的基本框架，为促进社会和谐健康发展提供道德和法律相互作用、相互支持的理论研究成果，为以德治国和依法治国提供有益的理论支撑和实践参考。

第三节　相关概念

一　依法治国

在我国古代，提倡法治思想的法家和提倡人治思想的儒家，站在不同的立场，分别提出了"任法不任人""法不阿贵"的主张。古希腊的亚里士多德认为"法治"是国家治理的一个手段，对维护国家秩序起着重要作用。但是由于受当时社会发展的局限，法治思想的发展，在当时仍不是很完善。在我国先秦的法家思想中，封建专制的君主思想特点鲜明，从本质上说，当时的法律思想是以君主个人思想为转移的，没有固定的法律制度。

在近代西方，由资产阶级在反封建的民主革命中提出的法治思想，是为反对封建君主的专制主义统治，反对社会政治生活中特权的行使，实现政治上的平等，从而贯彻资产阶级所提出的民主政治要求。资产阶级主张每个人都受法律的保护，统治者必须在法律范围内行使权力，法律面前人人平等，任何人违法都要受到惩罚。西方的法治是资产阶级建立了资本主义后，把法治与民主结合起来，从而作为一种稳定的制度保存下来。本书所说的"依法治国"，就是现代意义上的法治，就是依照体现人民意志和社会发展规律的法律来治理国家。全面推进依法治国，是实现国家治理现代化的重要途径和方式，不仅体现了国家治理现代化的主要内容，更是对国家治理现代化的实现提供了保障作用。

二　以德治国

在古代，德治是由儒家提出的，其含义是：行仁政，要求治国者注重道德教化，反对严刑峻法。在当时的历史条件下，这种政治主张具有比单纯刑法更好的效果。相对来说具有排斥法治的倾向。

今天我们提出的"德治"是对历史上"德治"思想的扬弃。具体来说，"德治"是指在治理国家和社会的活动中，要通过充分发挥思想道德的作用，通过包括榜样示范、道德礼仪、教化活动、舆论褒贬等一系列道德形式，实现对社会成员行为进行控制和评价的一种手段。德治的特征是广泛性、人性化和深入性，道德影响力的深入和持久，是通过主体的内心认同这一道德的调节作用来实现的。不断推进社会和谐稳定发展，加强社会主义法治建设，坚持依法治国，促进全体人民思想道德水平和社会整体精神文明素质的提高，要加强社会主义道德建设，坚持以德治国。

三　国家治理现代化

国家治理这一概念，是现代国家所特有的，是在扬弃国家统治和国家管理相关概念的基础上形成的。第一，政权的所有者有权对政权的管理者的行为进行问责，政权的管理者向政权的所有者负责。第二，在国家治理这一概念中，充分体现了政权所有者、管理者和利益相关者等多种力量共同合作的重要性。第三，国家治理能力最重要的体现是把增进公共利益同维护公共秩序放在了同等重要的地位。实现可持续发展、普遍提高国民生活质量和实现可持续的稳定这三方面是国家治理体系的重要目的。

衡量国家治理现代化的标准有四条：一是民主化。人民能够通过合法的渠道，直接或通过自己选举的代表参与国家治理的合法过程，成为国家政权的所有者。二是法治化。国家公共权力的行使，也应受到宪法的约束，要有完善的规则和程序；国家政权的所有者、管理者和利益相关者的行为，都应纳入法治化。三是文明化。国家治理应是增加更多的对话协商沟通合作，减少排斥和歧视，让管理体现于服务之中。四是科学化。国家政权管理者作为治理主体的能力、进行战略和政策规划的能力不断提高，自主性空间也有更大的提升。建立符合时代发展要求的国家现代化的治理体系就是要不断建立新的制度和体制，使社会各方面建设更加完善与科学，这其中包括经济、政治、文化、社会、生态文明等几个方面，从而不断提高党科学执政、民主执政、依法执政能力。①

四　德法互济

本书所指的"德法互济"概念，既不是出自某部经典著作，也不是来源于权威人士的讲话，而是笔者根据学者们的研究，为了成文的需要，归纳和概括出来的。"德法互济"指的是德治与法治在国家治理的过程中密不可分，互相补充、相互配合，共同推进国家治理现代化。在现代社会，任何人或任何国家都不可能忽视道德与法律对社会的共同规范作用。道德与德治方略的实施，必须有民主与法治的制度基础与制度保障；重视法律与法治的价值，必须保证法律的道德价值与民主的法治机制。也就是说，德治要有法治的保障，法治要有德治的指引，两者和谐统一于治国的实践中。

第四节　研究内容与研究路径

一　研究内容与主要问题

本书拟突破的重点是：探究如何建立起具有时代特色、符合我国国情的道德与法律相互支持、相互作用的德法互济机制，努力探索国家治理现代化中德法互济的实施路径，并在现实社会实践活动中起到实际作用。围绕此重点，主要研究几个方面的内容：历史溯源——德法互济的理论界域，本体追问——德法互济的学理基础，辩证分析——国家治理现代化中德法互济的现实困境，理性选择——国家治

---

① 张志臣：《法治与德治相结合治国理政思想研究》，硕士学位论文，东北财经大学，2015 年。

理现代化中德法互济的实现路径。根据研究的重点和主要内容，本研究要解决的主要问题是：

第一，如何在道德与法律关系历史溯源的基础上论证德法互济的学理？德法互济的必然性、必要性和可能性是如何论证的？（1）法治主要针对法律事实和人的行为动机，而道德也追究人的动机。马克思主义讲法律对应的是人的行为，对于人的法律治理主要针对行为和法律事实。问题是既然法律在针对对象时，要追究到人的动机，人的动机以人的意志为代表，这在法理上就和道德连接起来。（2）在实践方面，法的外在规定和道德的内在规范都是处理人与人之间的关系。法是由国家制定或认可，并由国家强制力保证实施的行为规范体系，它通过规定权利和义务来规范人们的行为，设置了一个保持基本社会秩序的道德底线。道德是人们共同生活及其行为的准则和规范，它通过内化方式来左右和支配人的行为准则。在实践方面，法律和道德虽然以不同方式出现，但都是处理人与人之间的关系。（3）道德与法律两者之间重合的方面。体现在三个不同的层次：法律在立法宗旨上体现道德性；法律本身的内涵中包含道德因素；执法过程中执法者有道德的因素。（4）道德与法律有互补性。法律不是万能的，不是所有问题靠法律来解决。法律发挥不了作用的时候，就依靠道德。有时法律与道德共同发挥作用，对于一种社会关系的调整，既有法律的方式也有道德的方式，道德的方式可能更和谐。（5）道德与法律的区别和共性。①道德与法律的共性：在产生上的同源性、在基本性质上的同质性、在运行机制上的同构性、在功能上的同向性、在价值目标上的同归性。②道德与法律的个性：在产生顺序及方式上不同、在权利与义务关系上的侧重不同、在调整对象及范围上不同、在调整方式与力度上不同、在运行过程上的灵活性程度不同。道德与法律既有区别又有共性才能互济。而德法互济的逻辑基础是什么？

第二，如何辩证分析国家治理现代化和法治与德治的关系？党的十六届四中全会提出了"构建社会主义和谐社会"，党的十八届四中全会提出了"建设中国特色社会主义法治体系，建设社会主义法治国家"的总目标，从"社会主义和谐社会"到"社会主义法治国家"两者之间有什么关系？法治国家的目的是保障和谐社会，路径不能颠倒。依法治国与以德治国是为了建设社会主义和谐社会。从国家治理来说，德治与法治有一个递进关系。我们的社会可能存在三种方式，一种是德治，一种是法治，一种是既有德治又有法治。如果德治与法治结合得好，就能创造美好的和谐社会。依法治国与以德治国，在中国更是突出体现在与国家治理之间的关联。中国的德治法治建设同现代民族国家的建构一样，都是近代以来外部力量所推动的社会形态变迁的产物，这就使得中国的德治法治建设，更加不能离开国家治理的建构。在从传统中国到现代中国、从文化共同体到民族国家的进程中，依法治国与以德治国相结合才成为可能，并得到发展。因此，能否论证国家治理现代化中，法治是德治的保障，德治是法治的基础，德法互济是国家治理现代化的重要保障？

第三，如何在辩证分析国家治理现代化中的现实诉求与实践矛盾的基础上提出具有中国特色的德法互济的有效实施路径？随着经济现代化，国家的治理现代化命题呈现在面前，进一步深入研究，我们国家治理现代化中德法互济的困境在哪里？一是人的问题。我们国家的主体是工人和农民，我们国家有几亿农民，文盲的人占比较高，法盲的人比例更高。从这个意义上来说，依法治国和以德治国面临的是人的困境，缺乏法治、人权、财产意识，我们国家治理如何走向现代化？二是现实困境。处理法与情的关系是衡量法治思维的重要标准。原则上讲，法治思维重视逻辑但并不排斥"情理"，而是在法律逻辑的前提下关注情理。大众思维多属道德思维，是一种以善恶评价为中心的思维活动；而法律思维是以事实与规则认定为中心的思维活动。因此，法律思维首先是服从规则及其逻辑，而不受大众化情感因素的左右。但在中国重人伦的文化根基下，如何做到既要注重缜密的法律逻辑，又要考虑人与人之间关系的道德之"情"？此外，从传统社会到转型社会，人们的思维方式从传统思维转向现代思维。现在社会发生主体向个体发生变化，行为的动力和动机发生变化。德法互济的作用机理如何论述？如何提出有效的符合国家治理现代化的德法互济实施路径？

二　研究方法与研究进路

本书坚持历史唯物主义和辩证唯物主义，采用历史与逻辑相结合的方法，理论联系实际，系统全面地研究了国家治理中的德法互济这一命题。具体的研究方法和路径如下：

文献分析法。研究利用的文献有机读型和印刷型两大类，主要包括图书资料、报刊文摘、CNKI、数字图书、网络文献等。对收集的文献资料，以与本研究的研究相关度为标准进行选取和分析，通过查阅、搜集、参考与本研究相关的著作、期刊等文献资料，整理和掌握了本研究相关的信息，总结、归纳、分析、提炼出国家治理中的德法互相关系的核心问题。

古今中外对比分析法。关于道德与法律互济作用的研究既是伦理学和法学的重要命题，也涉及思想政治教育学、历史学等多学科的理论知识。本研究不仅从历史溯源与现实诉求对比中论证德法互济的内涵，而且从中国传统社会古代法家和儒家对德法互济的论述，西方社会自然法学派、实证主义法学派、社会法学派关于德法互济的主要理论对比论证中提炼出德法互济的学理基础。

理论实践对比分析法。伦理学和法学不仅是理论科学、规范科学和价值科学，同时也是实践性很强的科学。二者是将公平正义、惩恶扬善的理论应用于社会生活实践的，着重解决社会矛盾，促进社会和谐。因此，本研究在对比德法互济的理论与实践现状的基础上，探究二者在中国国家治理实践领域的现实矛盾，提出在国家治理现代化中德法互济的实施路径。

第二章　历史溯源——德法互济的理论界域

　　道德与法律是否存在必然的逻辑联系，这是道德与法律关系中的一个核心问题，也是古今中外的法理学所包含的一个重要内容。尽管这是法学家、哲学家们一直争论不休的一个问题，但是在伦理学领域一般都对此作肯定的回答。道德是由一定社会的经济关系决定的，以善恶标准评价的，依靠人们的内心信念、社会舆论和传统习惯来维持的，调整个人与个人之间以及个人与社会之间关系的原则和规范的总和。它是上层建筑的重要组成部分，其内容和形式都来源于社会的物质生活条件。正如恩格斯所说："一切已往的道德论归根到底都是当时社会经济状况的产物。"[①] 在任何社会中，不同主体的道德共性决定了每一个社会都有一种占主导地位的道德观念和道德标准，而每一个社会占主导地位的道德与该社会的法律，它们都是调整社会关系和维护社会秩序的重要手段，它们之间有着极为密切的内在联系。我们在论述道德与法律的关系时，要把它放在中国古代传统社会和近现代西方法哲学的历史背景中去理解和考察。法哲学研究的是由于法的存在和实践而出现的与法和法律制度相关的哲学问题。中国古代法家和儒家学派对道德与法律的关系进行了精彩的争论。在西方近现代法哲学史

---

① 《马克思恩格斯选集》第3卷，人民出版社1972年版，第134页。

上，道德与法律的关系一直是法哲学领域中的一个重要论题，而关于法律和道德的关系，一直是自然法学派、实证法学派和社会法学派长期以来争论的焦点。我们可以从中国古代传统社会和近现代西方法哲学的历史背景中去理解和考察德法互济的理论界域。

第一节　中国传统社会中的德法互济理论

一　中国传统社会德法互济的理论渊源

在中国历史上，早在西周时期，我国先贤就对"德"与"刑"的关系做过相关论述，并把二者融合运用到治国策略之中。周公姬旦认为，君主应"以德配天""敬天保民"，据此对"德治"思想加以阐发，提出"皇天无亲，惟德是辅"的主张，形成了西周的"德治"思想，成为先秦、秦汉时期"德治"思想的理论雏形。另外，周人提出"天讨有罪，刑不可少"，"明德慎罚，慎重用刑"，"以德化人，教而后刑"等思想，主张"以刑辅德"。这些表明，西周在治国过程中已经出现了"德法互济"思想的雏形，也因之成为中国古代德刑关系理论的源头。虽然"德法互济"思想滥觞于西周，但直到春秋战国时期，"德治"和"法治"思想才形成系统化、理论化的学说，并进一步沿袭和完善"德法互济"的治国之策。

儒家代表人物孔子沿袭西周的"德治"思想，提出"人治"理念，即施行"仁"政，提倡德治教化。孔子认为："道之以德，齐之以礼，有耻且格。"① 意思就是用道德引导百姓，用礼制去同化他们，百姓不仅会有羞耻之心，而且有归服之心。孔子还提出："礼乐不兴，则刑罚不中；刑罚不中，则民无所措手足。"孟子认为："无礼义，则上

下乱。"荀子主张："礼者，法之大分，类之纲纪也。"① 这些言论阐述了德和刑的关系，蕴含了德法互济的思想。墨家以"兼爱"为德法互济的共同基石，提出了自己的法律和道德主张。道家则以否定人为德法的基础建立德法之合思想。尽管诸子百家众说纷纭，但都意识到治理国家的过程中不仅要有德治，也要加之以法治，体现出"德法互济"的治国理念。

诸子百家的后起者法家主张"刑主德辅"，强调"以法治国"。韩非子曾说："治民无常，唯以法治。"提出"法、势、术"三结合的法治理论。虽然法家各代表人物都强调法治的重要性，但从其言论中也不难看出其中蕴含的德治思想。如在《管子·权修》中，管子说道："明智礼足以教之，上身服以先之，审量度以闲之，乡置师以说道之。然后申之以宪令，劝之以庆赏，振之以刑罚，故百姓者为善，则暴乱之行无由至矣。"再如子产提出的"宽""猛"相济策略，以及对儒家伦理的一些基本道德和规范的认同等，都可以看出法治思想中蕴含的德治思想。

法家学说中虽然也有德治思想，但其过分强调法治，德化教育常常被忽视，严刑峻法、贱德尚刑的做法为专制集权思想的形成奠定了基础，直接影响了秦国的统治者，造成后来秦国的暴政和灭亡。秦国的"尚刑而亡"给代之而起的西汉王朝以深刻警示，所以在秦以后，汉代出现了"德法互济"的复归趋势并更加成熟。西汉吸取秦亡的教训，大力倡导德化教育，但又不是单纯地复归到孔孟时代的"德主刑辅"，而是将经过一定改造的黄老思想奉为指导，主张"无为而治"，采取"休养生息、与民便利"的政策。同时又吸收借鉴了秦朝法治统治的精华，带有"汉承秦制"的色彩。总之，汉代统治思想强调文武并用、德刑相济，既重视法律，又兼容德治。在此治国基础上，汉代

---

① 李建华：《法律伦理学》，湖南人民出版社 2006 年版，第 28 页。

出现了"文景之治"的盛世局面,实现了国家的长治久安。①

二 中国历史上德法关系之争

在许多人的印象中,甚至在许多法学著述中,古代中国人关于道德与法律关系问题的思想似乎仅仅是"德主刑辅""先德后刑"等,实际上这只是德法的社会功能及在社会生活中的地位问题,即统治术的选择问题。严格说来,它跟道德与法律的关系问题不完全是一回事,甚至没有直接的关系。由于"天人合一""天人合德"的哲学观念和思维模式,致使古代中国人很少自觉谈及法律与道德的本体意义上的联系,而是更注重两者的社会功能和在社会生活中的地位,即德治和法治谁更有利于统治的问题。但在这一贯穿于整个中国封建时代的政治主张论争中,却包含着古人对于道德与法律内在关系的自发的思考。

我国古代社会是以自然经济为主体的宗法性农业社会,在这样的社会里,家国一体,政教不分,君权是父权的延伸,国政是家政的放大。因此,古人很自然地认为维系血缘家庭的伦理道德和维护阶级统治的国家法律应该是一致的。管子主张,"宪律制度必法道","法出于礼","宪律制度"实即法律,"道"实即道德,"法道"就是以道德为法为准则。法家的另一位代表人物商鞅说:"圣人有必信之性,又有使天下不得不信之法。所谓义者,为人臣忠,为人子孝,少长有礼,男女有别……此乃有法之常也。"② 义即道德,它是法律得以真正实施时的常态。这无疑是说法律就是道德的实现或具体化。而儒家的"礼",有些人认为是指道德规范,但许多史料表明,"礼"有强制执行的功能。《礼记·曲礼上》曰:"夫礼者,所以定亲疏,决嫌疑,别同异,明是非也。"即礼是用来制定人际关系亲疏、判断事情嫌疑、分别物类

---

① 张瑞敏、毛维国:《德法互济思想的历史溯源及其现实意义》,《西南石油大学学报》(社会科学版) 2014 年第 5 期。

② 《商君书·画策》。

同异、阐明道理是非的。"道德仁义，非礼不成；教训正俗，非礼不备；分争辨讼，非礼不决。""班朝治军，莅官行法，非礼威严不行。"这样的"礼"，实在符合今天法律概念的一切要素。而孔子主张"导之以德，齐之以礼"。一个"齐"字，也表明孔子心目中的"礼"是有强制性的。因此，儒家的"礼"，实际上是一些来源于道德的法律规范。它既是"礼""德"原则的条文化、具体化，又有法律效力。荀子称之为"礼法"，"礼者，所以正身也……故非礼，是无法也……故学也者，礼法也"。① 因此，法律与道德一致，制定法律应该符合道德，这是古代中国人的共识。

不仅如此，他们还把道德当作检验一切人定法是非善恶的标准。墨子说："观其刑政，顺天之意，谓之善刑政；反天之意，谓之不善刑政。"② "天意"即道德原则。孟子说："上无道揆也，下无法守也；朝不信道，工不信度；君子犯义，小人犯刑，国之所存者幸也。"③ 这里的"道""义"实即在上位的人所掌握的道德原则，"法""度""刑"实即在下位的人所应遵守的人定法律。前者是后者的指南、准则，后者是前者的具体体现。可见，对于道德与法律的关系，古人是有着自发的，但却是深刻的思考的。他们认为法律应与道德一致，道德是比法律更崇高、更根本、更应依据或遵守的东西。

在中国古代政治法律史上引起广泛争论的"尚德""尚刑"两种主张（包括先秦儒法之争），其争论的焦点并不是要道德还是要法律，实际上，对于以古代中国宗法社会为根基而长久稳固地存在的宗法人伦道德，"尚法"派人士并不怎么反对。他们所反对的，主要是用那些"仁义道德"的空头说教去实现这些道德理想，而主张用强有力的政权手段去实现。就是说，他们反对的主要是"德礼教化"的方法，而不

---

① 《荀子·修身》。

② 《墨子·天志中》。

③ 《孟子·离娄上》。

是道德本身。如作为法家先驱的管仲及其门徒既主张"治国使众莫如法，禁淫止暴莫如刑"，同时他们也把"礼""义""廉""耻"作为"国之四维"，认为"不恭祖则孝悌不备，四维不张国乃灭亡"。① 法家的集大成者韩非子既要君主不务德而务法，又说："臣事君，子事父，妻事夫。三者顺则天下治，三者逆则天下乱，此天下之常道也，明王贤臣而弗易也。"②

在古人的用语中，"德""刑"很多时候是指"德礼教化""刑罚威慑"的手段或方法，而不是道德和法律，上述用语及我们非常熟悉的"德主刑辅""崇德贱刑"等命题中皆如此。尚法派不仅不反对宗法纲常道德，而且他们希望通过严刑重法建立的政治秩序至少从长远来讲与尚德派是一致的。那就是以宗法等级制度为核心的政治秩序。商鞅认为，"为人臣忠，为人子孝，少长有礼，男女有别"。这些道德目标是严刑重法同样能够达到的："此乃有法之常也。"法家认为，法见效快，还能达到与道德说教相同的目的。韩非子说："明主之国，无书简之文，以法为教；无先王之语，以吏为师……是以境内之民，其言谈必轨于法。是故无事则国富，有事则兵强，此之谓王资。既富王资而承敌国之衅，超五帝、侔三王者，必此法也。"③ 商鞅说："故禁奸止过，莫若重刑。刑重而必得，则民不敢试，故国无刑民"，"刑重者，民不敢犯，故无刑也"。"而民莫敢为非，是一国皆善也。""刑生力，力生强、强生威、威生德、德生于刑。"④

应当承认，法家的主张未免偏激，急功近利。这正是儒家所反对的。孔子说："导之以政，齐之以刑，民免而无耻"，⑤ 即政令、刑罚

---

① 《管子·明法解》。
② 《韩非子·显学》。
③ 《韩非子·五蠹》。
④ 《商君书·画策》。
⑤ 《论语·为政》。

虽然使老百姓不敢犯罪了，但毫无以犯罪为耻或悦善恶恶之心。《文子·上礼》说："法能杀不孝者，不能使人孝；能刑盗者，不能使人廉。"可见，古人对于"法"或"刑"的局限性的认识是相当深刻的。正因为如此，儒家主张德礼教化，他们认为，这种教化虽不能收到立竿见影之效，但其深利远泽逐渐会显现出来，"使民日迁善远罪而不自知也"。① 孔子批评法家"不教而杀谓之虐，不戒视成谓之暴，慢令致期谓之贼"，② 是有意伤残老百姓。汉人贾谊说："凡人之智，能见已然，不能见将然。夫礼者，禁于将然之前，而法禁于已然之后。""以礼义治之者，积礼义；以刑罚治之者，积刑罚，刑罚积而民怨背，礼义积而民和亲。"③ 看得出，对过分使用刑罚手段的不良后果，古人也有着深刻的认识。"民不畏死，奈何以死惧之"，"民不畏威，则大威至。"④ 这些见解可谓深谋远虑。

我们也应当看到，在当时社会剧烈变动、秩序混乱的情况下，法家的"以法为本"（韩非）、"贵贱皆从法"（管子）、"不贵义而贵法"（商鞅）等思想不失为切切实实的救弊措施，它在反对和打击奴隶制旧制度，推动社会变革方面发挥了巨大的历史作用。在一定意义上，也包含着一些有价值的合理的治国主张。

在儒法两派大致相同的宗法纲常道德原则下，儒家的家族主义伦理观和法家的国家主义伦理观自始就存在着矛盾。战国之际的儒法之争便是这一内在冲突的外在标志。由此决定了在法律应与道德一致这一共识下，儒家和法家在立法、司法主张上存在着明显的分歧，对法律和道德的冲突有不同的处理原则。

家族主义重视血缘家庭关系远胜于重视国家关系。他们认为，法

---

① 《大戴礼记·礼察》。

② 《论语·尧曰》。

③ 《汉书·贾谊传》。

④ 《老子·七二章》。

律的最大职责就是维持家庭关系的和谐和保证血缘伦理义务的实现，必须用法律手段打击蔑视血缘伦理或亲属伦理者。《尚书·康诰》记载，周公曾教导诸侯王："元恶大憝，矧惟不孝不友？子弗祗服厥父事，大伤厥考心。于父不能字厥子，乃疾厥子。于弟弗念天显，乃弗克恭厥兄。兄亦不念鞠子哀，大不友于弟。惟吊兹，不于我政人得罪，天惟与我民彝大泯乱。曰，乃其速由文王作罚，刑兹无赦。"儒家沿袭了这种家族伦理思想，孔子说："子为父隐，父为子隐，直在其中"，① 赞同 "父之仇不共戴天，兄弟之仇不反兵而斗"，② 对于被隐匿的罪行及血族复仇给国家秩序带来的威胁，对法律的践踏，他并没有怎么顾忌。可见，儒家主张法律要服从血缘伦理原则，立法要依据和体现这些伦理道德。从西汉董仲舒"罢黜百家，独尊儒术"以后，血缘主义道德被不断灌输进法律中。从"礼法结合"直至"礼法合一"，中国法律越来越血缘伦理化。与此相一致，在司法过程中，当法律与道德相冲突时，他们主张道德重于法律，宁可牺牲法律而成全道德。如子孙出于"孝"道，隐匿包庇父祖的犯罪行为，甚至为了隐匿父祖而犯了新的罪行，他可以不受法律追究。自汉至清，"亲属容隐"和"刑不上大夫"的血缘主义道德一直是法律上神圣的制度，即法律的目的在于辅佐道德的实现。据此，"原心论罪"便自然成为其司法的总原则。"《春秋》之治狱，论心定罪，志善而违于法者免，志恶而合于法者诛。"③ "善志恶"完全是道德评价，道德成了定罪量刑的标准。根据这一原则，法律可以惩罚邪恶的思想、动机而不必惩罚客观上有害的行为，即"律贵诛心"。这是儒家法律思想中宗法伦理性最浓的封建糟粕，它从根本上破坏了法律的独立性，使法律完全依附于道德，阻碍了法律的形式化发展。

　　国家主义重视国家关系远胜于重视家庭关系，重视政治伦理远胜

---

① 《论语·子路》。

② 《礼记·檀弓》。

③ 《盐铁论·刑德》。

于重视血缘伦理。如管仲主张"社稷亲于戚""不为亲戚危社稷",①
"君臣上下贵贱皆从法",② 这明显与儒家的家族主义伦理观及周公以
来"礼不下庶人,刑不上大夫"的道德、法律原则相对抗,法家主张
通过法律消除陈腐的旧道德即家族主义道德,建立一套全新的国家主
义道德,使法律评价与道德评价完全一致,即"誉辅其赏毁随其罚"
"誉赏同轨,非罚俱行"。③ 这是法家最根本的立法原则,"圣人为法国
者,必逆于世,而顺于道德"。④ "逆于世",就是逆于当时的家族血缘
主义旧道德;"顺于道德",就是服从和贯彻国家主义新道德。可见,
法家的立法或整个法治的理想是达到法律与道德的完全统一,即"藏
于官则为法,施于国则成俗"。⑤

对于法律与道德的冲突,法家态度鲜明地主张法律重于道德。他
们认为,法律本身就体现了道德,司法过程中,执法者只能依从法律。
如管子主张"君臣上下贵贱皆从法""不为惠于法之内,不淫意于法之
外,动无非法"。⑥ 商鞅说,"释法而好私议,此国之所以乱也"。"私
议"指法外的道德评价,"私议",人各有异,没有统一的标准,依此
容易引起混乱。他主张"法立则私议不行","法既定矣,不善言害
法"。⑦ 要禁止道德评价干预司法,法家还主张严惩"亲属相隐"等符
合血缘主义旧道德的行为。商鞅说:"夫妻交友不得相为弃恶盖非"
"民人不能相为隐",⑧"不告奸者腰斩"。⑨ 慎子主张:"我喜可抑,我

---

① 《管子·法法》。
② 《管子·任法》
③ 《韩非子·五蠹》。
④ 《韩非子·劫奸弑臣》。
⑤ 《管子·立政》。
⑥ 《管子·明法》。
⑦ 《商君书·修权》。
⑧ 《商君书·禁使》。
⑨ 《史记·商君列传》。

愤可窒，我法不可离也；骨肉可刑，亲戚可灭，至法不可阙也！"① 法家的这种强调法的统一性、至上性、严肃性的思想，即使现在看来，也是非常可贵的。但法家将法律与道德完全统一，以法律为道德（以法为教），企图通过法律达到"小过不生，大罪不至"② 的目的，因而制定了十分苛刻、烦琐、严酷的法律，如"弃灰于道者断其手"的"商君之法"③、李悝《法经》中"窥宫者膑，拾遗者刖"④ 的惨苛规定等。道德的过分法律化，特别是将道德与法律完全统一，把高层次的道德变为法律要求于众人。这种"苛法"从表面看似乎既实现了道德，又维护了法的统一性和权威性，但由于"法苛难行"，⑤ 结果是既牺牲了道德，又损害了法律的尊严。

综上所述，我国古人关于道德与法律关系的思考和论争可谓深刻和激烈，这些论争既显示出中国古代法的弊端和衰败，也蕴含着中国古代道德与法律的精妙与价值。⑥

第二节 西方法哲学关于德法关系之辩

从古希腊至今，道德与法律关系是西方法哲学的一个不可回避的核心话题。我们在论述道德与法律的关系时，要把它放在近代西方法哲学的历史背景中去理解和考察。法哲学研究的是由于法的存在和实践而出现的与法和法律制度相关的哲学问题。西方法学家因对道德与法律关系的不同回答而形成了不同的法学派，其中，主要流派有自然

① 《慎子》。
② 《韩非子·内储说上》。
③ 《汉书·五行志》。
④ 《东汉桓谭·新论》。
⑤ 《文子·上仁》。
⑥ 魏洪秀：《论道德的法律化和法律的道德化》，硕士学位论文，上海交通大学，2003 年。

法学派、实证法学派、社会法学派、综合法学派，各学派在各自不同历史时期对这一经久不衰的话题展开过论述，不同的解读导致它们分道扬镳。自然法学派从道德与法律的对立统一层面来审视两者的关系，主张道德是法律的内在本质和基础。实证主义法学派以道德与法律之间无必然联系的"分离说"来抗衡自然法学派的"基础说"。社会法学派主张道德与法律之间既是相对分离的，又有着相互结合的内在联系。为了调和三者的矛盾，综合法学派采取了折中的方法提出了较为科学合理的理论。

一　自然法学派

自然法学派的观点认为，所谓自然法是自然万物的理性法则，其实质是道德法则，是自然万物存在之前就已确立的整合秩序，它是构成现实法和正义的基础。它在人和社会中的充分实现便是法。因此，道德不但是法律制定和存在的最终依据，而且还是评价法律好坏的最高标准。

在古希腊时期，法律、正义与道德在概念上没有明确的区分，合乎道德或正义要求的法律就是正当的法律。苏格拉底是哲学史第一个把道德与法律的关系问题摆在人们面前的思想家，他发现了法律正当性的基础问题，并对法律的正当性提出了质疑。柏拉图的早期四部对话录《欧绪弗洛篇》《申辩篇》《裴多篇》《克力同篇》集中体现了苏格拉底有关法律正义的理论主张。在他看来，只有当法律符合全城邦社会成员的切实利益时，它才是符合道德要求的，其所遭受的法律判决实质上不具备道德上的正当性。但是，他仍旧坚持不能以恶报恶的人生信念和道德标准，宁愿被雅典法庭以不信神和腐蚀雅典青年思想之罪名判处死刑，也不愿违反雅典不正义的法律裁决。他认为，从法律上来说，这种不正义的判决在形式上合乎法律程序，作为城邦的公民应当遵循雅典的法律。究其原因，在于公民（感恩）与城邦（施恩）之间犹如子女与父母之间的关系，因而，公民理当报效城邦，尊崇城邦的法律。而且，公民与国家之间达成了一种契约关系,甘愿服从国家的法律。遵守具有形式合理性的法律及其判决就是正义,正义就是守法,忠实于一个城邦就应该一如既往地服从该城邦的法律,这样,才能保全德性和体现法律正义的要求,才能捍卫国家和法律的至上权威,也才能少受城邦法律的惩罚。苏格拉底质问力劝其越狱的克力同,"你想可以这样对待祖国和法律,如果我们认为应当处你死刑,你就竭力毁坏、颠覆我们——国家和法律,还要说这种行为正当,——你这真正尊德性的人竟至于此吗?"① 苏格拉底把违法偷生视为不正当的行为,并用饮鸩自杀的行动来促使人们关注法律正当性问题。在他这里,法律至高无上,即便该法律是非正义的,其规制下的人们也应信守契约,不能因为它在道德上的不正义性而去颠覆其权威。他也强调,法庭应当秉公执法,维护国家的声誉,这又是对实质正义的一种诉求。

柏拉图把法律等同于正义。作为法律之道德基石的正义是贯穿于《理想国》的一条主线,社会正义就是统治者、卫国者和劳动者这三个阶层各行其是、各司其职。他主张,只有符合并体现正义要求即体现城邦成员利益的法律才具有正当性,才能维护社会秩序的稳定。当法律极其不正义时,人们有权利抵制它们。在其后期著作《法律篇》中,柏拉图逐渐从主张由"人治"(哲学王统治)转向赞同"法治",注重法律在实现和谐城邦生活中的作用,强调法律是维护正义的手段。

亚里士多德主张正义与法律不可分。他论道,"城邦以正义为原则。由正义衍生礼法,可凭以判断人间的是非曲直,正义恰恰是树立社会秩序的基础"。② 法律以全城邦的良善生活的道德理念为旨归,其目的在于保障伦理德性的实现,进而促进正义的实现。正义是法律善

---

① [古希腊]柏拉图:《游叙弗伦 苏格拉底的申辩 克力同》,严群译,商务印书馆1983年版,第108页。

② [古希腊]亚里士多德:《政治学》,吴寿彭译,商务印书馆1965年版,第9页。

恶的衡量标准，自然法以正义为基础，统治者必须依据自然法制定法律，因而实证法有良法与恶法之分。亚里士多德注重公民对法律权威的信仰对于实现法治的重要性，主张法治有两个必要的构成要件：其一，法律须是制定得良好的法律；其二，制定得良好的法律须得到共同的遵守。这一法治公式对后世产生了广泛而深远的影响，很多思想家结合时代背景对它进行了重释。

古罗马时期的西塞罗是典型的自然法学家，他在继承斯多葛学派的基础上，提出比较系统的自然法学说。斯多葛学派把自然法与理性等同起来，理性是法律和正义的基础。西塞罗深受该学派的影响，"倾向于确定自然和自然理性，并设想理性是宇宙的主宰力量"。他指出，"真正的法律乃是正确的规则，它与自然相吻合，适用于所有的人，是稳定的，恒久的"，"将会有一个对所有的人共同的，如同教师和统帅的神：它是这一法律的创造者、裁判者、倡导者。谁不服从它，谁便是自我逃避，蔑视人的本性，从而将会受到严厉的惩罚"。① 真正的法律是与自然相符合的正确理性（right reason），也是正义的体现，它永恒不变，具有普适性。自然法是正义的基础，实证法须依据具有最高权威的自然法而制定，与之相符的是良法，反之则是恶法或非正义的法。

中世纪的阿奎那把法律分为永恒法、神法、人定法和自然法，将理性作为其理论的核心范畴，从神学角度探讨道德与法律的关系。他主张，理性的第一法则是自然法，这样，只有那些与自然法的根本要求相一致的法律才能称之为法律，才具有道德性。法律的有效性由法律的正义程度决定。法律就以下几个方面来说可以被认为是合乎正义的：就它们的目的来说，即当它们以公共福利为目标时；或者就它们的制定者来说，即当所制定的法律并不超出制定者的权力时；或者就

---

① ［古罗马］西塞罗：《论共和国　论法律》，王焕生译，中国政法大学出版社1997年版，第120页。

其形式来说，即当它们使公民所承担的义务是按促进公共幸福的程度实行分配时。当法律违反上述标准或与神的善性相抵触时就成为非正义的法律，"严格地和真正地说来就根本不是法律，而宁可说是法律的一种滥用"，① 是理性的堕落，且具有暴力的性质，没有了责成人们担负义务的力量。从这个角度而言，在阿奎那的视野中，道德与法律之间存在着必然联系。

近代的洛克、康德和黑格尔等对道德与法律关系也有着重要的阐述。洛克主张，自然法根植于人类理性，人类理性即正义。实证法"只有以自然法为根据时才是正义的，它们的规定和解释必须以自然法为根据"。② 这样，才能维护人类神圣不可侵犯的自由权、生命权、财产权。在康德那里，"有别于自然法则的自由法则，是道德的法则。就这些自由法则仅仅涉及外在的行为和这些行为的合法性而论，它们被称为法律的法则。可是，如果它们作为法则，还要求它们本身成为决定我们行为的原则，那么它们又称为伦理的法则。如果一种行为与法律的法则一致就是它的合法性；如果一种行为与伦理的法则一致就是它的道德性。"③ 康德区分了"合法性"（legality）与"道德性"（morality）。在他看来，道德是一种无条件的、必须服从的"绝对命令"，作为主体的个人具有实践理性能力，自主地选择并自愿地遵守内在的普遍的道德法则。因为个人行为直接由理性命令控制，因而，道德内在地约束人类意志，必然包含人的内在动机在内。康德将道德哲学中作为最高律令的"绝对命令"表述为"权利的普遍法则"，即"外在地要这样去行动：你的意志的自由行使，根据一条普遍法则，能够和

---

① ［意］阿奎那：《阿奎那政治著作选》，马清槐译，商务印书馆1963年版，第120页。

② ［英］洛克：《政府论》（下篇），叶启芳、瞿菊农译，商务印书馆1964年版，第10页。

③ ［德］康德：《法的形而上学原理——权利的科学》，沈叔平译，商务印书馆1991年版，第14页。

所有其他人的自由并存"。① "绝对命令"在社会生活中的具体体现就是法律，法律（权利）是全部条件的综合，构成了对妨碍自由的行为实施强制的正当理由，只有每个人都遵守法律时才能确保个人自由的实现。法律外在地约束人类行为，是他律的，具有外在的强制性。评价一个行为的"合法律性"，服从的动机是不相关的，这就体现了道德与法律的显著区别。康德强调，法律的法则和伦理的法则都归属于道德的法则，是道德的一种特殊表现形态，从道德中获得其正当性。道德与法律致力于维护人的自由、平等和权利。于是，在"绝对命令"的指导之下两者达成了统一。对于康德而言，法律是道德的附庸，正当的法律是国家的公民自我立法的产物，其正当性就在于它能够确保作为自我立法的个人的道德权利或道德领域中的私人自主。在黑格尔看来，"任何定在，只要是自由意志的定在，就叫做法。所以一般说来，法就是作为理念的自由"。② 他从自由意志的发展阶段来阐发道德与法律关系，将其大致分为三个阶段：抽象法、道德与伦理。抽象法包括所有权、契约和不法，它是自由意志的直接体现。道德的观点，从它的形态上看就是主观意志的法。按照这种法，意志承认某种东西，并且是某种东西，但仅以某种东西是意志自己的东西，而且意志在其中作为主观的东西而对自身存在者为限。包括故意和责任、意图和福利、善和良心在内的道德是对抽象法的扬弃，是自由意志在人的内心的体现。伦理是客观精神的真正体现，由家庭、市民社会和国家构成。

自然法学在"二战"后得以复兴，新自然法的代表人物如富勒、罗尔斯、德沃金等更为集中地阐释了道德与法律的关系，坚信法律必须以道德为基础，法律的道德权威赋予法律正当性。在富勒看来，公

---

① ［德］康德：《法的形而上学原理——权利的科学》，沈叔平译，商务印书馆1991年版，第41页。

② ［德］黑格尔：《法哲学原理》，范扬、张企泰译，商务印书馆1961年版，第36页。

众对法律的遵守，归根到底在于法律本身是否具有道德性，"对法律之道德性的最低限度的坚守是保障法律之实践有效性的基本条件"。① 一个法律制度不具备最起码的道德内容就不成其为一个法律制度，也就丧失了公众对它的忠诚与服从的资格。他还区分了法律的"外在道德"（the external morality of law）与法律的"内在道德"（the internal morality of law），亦称之为"实体自然法"与"程序自然法"。前者指法律在内容上合乎一种外在的道德标准（实质标准），后者是一法律制度必须具备的一系列法治原则（形式标准）。富勒主张，它们与法律都有着密切关系，更突出强调法律的内在道德是内在于法律本身的，是法律存在的前提，也是判定法律本身合法律性（legality）之完善程度的标准。没有内在道德的法律不仅仅只是导致坏的即不完善的法律，且根本称不上是法律。我们可以看出，富勒更为注重的是法律的程序正义，他是在更为抽象的层面上鉴别道德与法律概念上的联系。作为法律存在的道德要求是程序的条件而不是实质的条件，内在道德是对法律制定和适用程序机制上的一种内在要求和形式限制。

在《正义论》中，罗尔斯借助"原初状态"的理论假设和"反思平衡"的理论方法，构建其正义理论，主张"无知之幕"掩蔽下的理性人必然一致选择两个正义原则。在他看来，正义是社会制度的首要价值，作为根本道德原则的正义原则是法律正当性的基础和依据。在他看来，正义是社会制度的首要价值，作为根本道德原则的正义原则是法律正当性的基础和依据。这样，他就建构了从原初状态的设置——正义两原则的选择—立宪—立法—司法的四阶段之正义程序。罗尔斯强调，在一个接近正义的社会里，社会制度基本上是组织良好的，宪法制度大致满足并且也被看作满足两个正义原则时，维护正义制度的自然义务（natural duties）约束我们服从不正义的法律。当法律在某些方面违背正义原则且超出一定的限度时，人们在忠诚于法律的

① ［美］富勒：《法律的道德性》，郑戈译，商务印书馆 2005 年版，第 181 页。

范围内可采用良心拒绝或非暴力反抗的方式，表达自己对法律的不服从。可见，罗尔斯依旧没有偏离其理论主旨：道德是法律的基础，正当的法律不能与实质的正义原则或道德要求相背离。德沃金把政治道德置于法律之上，主张作为政治道德原则之具体化的法律原则本身蕴含着道德内容，权利使法律更为道德，法律的正当性在于法律的道德权威。在他看来，只有能够保障公民受到平等关怀与尊重之权利的法律才是正当的法律，才值得该政治共同体中的公民自愿遵守和服从。当法律本身的正当性不明确或司法判决不合理时，公民在一定情况下可以"善良违法"的方式抵制它们。在疑难案件中，应依据原则论据进行判决，贯彻"整体性"这一法律的内在道德之要求。①

二　实证法学派

法律实证主义的核心是对法律进行实证的分析，主张道德和法律的分离，否定两者的内在必然联系，认为"恶法亦法"。作为一个独立法哲学流派，法律实证主义在西方兴起与实证主义哲学的发展有着密切的关系。实证主义的概念来源于孔德。孔德认为只有实证主义才是真正的科学。当这种实证的精神进入法学领域，就有了法律实证主义。从广义来说，法律实证主义就是应用实证主义的方法来研究法律，它既包括对制定法的实证分析，即所谓分析实证主义法学，又包括对法律历史的实证研究，即所谓历史法学，还包括对法律在社会中的作用进行实证的分析即社会法学。由于三者之间存在着较大差异，所以在学术研究中把它们视为各自独立的学术流派，狭义的法律实证主义一般不包括历史法学、社会法学，是指分析实证主义法学，是自奥斯丁以来法学研究中一个主要学派。本文的实证主义法学是狭义上的。

约翰·奥斯丁深受边沁思想的影响，是近现代实证主义法学的开

① 肖小芳：《道德与法律：哈特、德沃金与哈贝马斯对法律正当性的三种论证模式》，光明日报出版社 2011 年版，第 1—6 页。

创者，其代表作有《法理学的范围》《法理学讲义》等。他在法理学的范围中建立了他的所谓"科学的一般法理学"，书中详细地论述了法律的最一般概念、原则和法律的主要分类，以著名的"法律命令说"构建起他的实证主义法学体系。奥斯丁的理论可以分为三个独立的部分：第一部分为法律命令说，即法律是主权者发布的以制裁为后盾的命令。奥斯丁实证分析法学的出发点是对法律概念本身的实证分析。在《法理学的范围》《法理学讲义》两部著作中，奥斯丁的第一句话就是"法理学的内容是实在法，所谓严格的法律，即政治上居上者为政治上居下者制定的法律"。① 为了阐明这一法律定义，奥斯丁首先简要区分了四种不同意义的法律。一是神法或上帝法，也可称自然法。二是实在道德，这是靠舆论直接作用或施加影响而确立的。三是比喻性的法，如支配蔬菜生长的法则、供求法则等。四是实在法，这才是法理学研究的真正内容。然后，奥斯丁着重分析了实在法的本质。他认为"任何法律或规则在最大意义上可称为严格的法律都是命令。或者说，所谓严格的法律都是某项命令"。② 实在法区别于其他法的本质，在于它是主权者的命令。第二部分为法律和道德的分离说。关于法律和道德的关系，奥斯丁提出了著名的主张"法律的存在是一回事，其好与坏是另外一回事；法是否存在是一个问题，它是否符合某一假设的标准是另一个问题；一个实际存在的法就是法，即使我们恰巧不喜欢它"。③ 这就是"恶法亦法"论。第三部分对法理学的任务作了界定。基于法律与道德的分离说，奥斯丁认为法理学的任务是研究实在法，而不是研究法律的善恶，主张将法理学的研究范围严格限定于"实然

---

① John Austin, *Lectures on Jurisprudence, or the Philosophy of Positive Law*, London: Schloarly Press, 1977, p. 5.

② Ibid., p. 6.

③ Ibid., p. 143.

的法律"。他说"每项实在法是由主权者或主权者机构直接或间接地为它作为最高立法者所在地独立政治社会里的某些成员制定的"。"法理学的科学只涉及实在法，或严格意义的法律，而毫不考虑这些法律的善或恶。"①

　　奥地利法学家汉斯·凯尔森是实证法学的又一代表人物，他的代表作有《纯粹法学》《法和国家概论》等。凯尔森将自己的理论统称"法律的纯粹理论"，在他看来，这一理论主要致力于回答法律是什么及其如何被创造的问题，而不关注法律应当如何及其应当如何被创造之类的问题。因此，纯粹理论属于法律科学，而非法律政策学。② 而科学的基本要求就在于客观性与精确性。为了满足这些属性，纯粹理论必须保证两个方面的纯粹性。其一，由于这个理论的目的在于将法律科学从其他相似的因素中解放出来，因此必须保障研究对象本身的纯粹性，即将道德、政治、社会学与心理学因素从法律科学的领域中排除。其二，为保证研究的科学性，研究手段必须是中立的，其中最为重要的是避免意识形态的干扰。这两种纯粹性的理论结果就是对于分离命题的肯定与支持。因为它们都否认了价值判断在法学科学中的意义。同时，凯尔森奉行的价值相对主义伦理学也进一步强化了分离命题。他认为，其一，如果某一法律秩序被判断为道德的或不道德的、正义的或不正义的，这些评价都表达了法律秩序与多个既存道德体系中之一员之间的关系，并非它与整个道德体系之间关系的判断。因此，这些判断都是相对的。其二，既存的法律秩序之效力并非因为其与某一道德体系的一致。③ 基于这两者，凯尔森认为法律与以道德为代表的

---

　　① John Austin, *Lectures on Jurisprudence, or the Philosophy of Positive Law*, London: Schloarly Press, 1977, p. 143.

　　② Hans Kelsen, *Introduction to the Problems of Legal Theory* (Trans. by Stanleyl. Paulson&Bonnie Litschewski Paulson), Oxford: Clarendon Press, 1992, p. 7.

　　③ Hans Kelsen, *Pure Theory of Law*, tr. by Max Knight, Lawbook Exchange Ltd, 1967, pp. 66 – 67.

价值判断之间有着明确的界限。凯尔森认为，法律是社会组织所特有的一种具体技术。"法律的概念没有任何道德含义"，其决定性标准乃是"强力因素"。①

　　从实证法学派关于道德与法律关系的观点中，我们可以看出，实证法学派关注现实的经验生活，强调立法的基础应当是个人和社会的实际利益，而非自然法哲学所说的超越时空的道德法则。实证主义法学派断然否定道德与法律关联的必然性，如分析实证主义法学派明确主张：任何道德价值因素都不可进入法律的定义，法律的规定是由经验上可观察到的标准（如立法、判例和习惯）确认的，存在的只有实在法，而根本没有"自然法"这种东西。功利主义者边沁强调在法律改革中并不包含任何道德评价，并断言自然法观念是夸张的废话，是"高烧时的胡说八道"。边沁极力主张把实际的法和应当的法分离，在《道德与立法原理导论》一书中，边沁指出，法是立法者的意志或命令，立法的目的必须是维护公民的安全、平等、富裕和生存，而非捍卫自然法所说的抽象正义。因为人们为了掩盖欺诈行为而制造了正义的假象，正义所具有的唯一的意义，是一种"为了讨论的方便而虚构出来的子虚乌有的角色"。② 奥斯丁坚持认为法与道德不存在必然的联系，虽然他并不否认法的发展深受道德的影响，而且承认许多法律规范源自道德，但认为在确定法的性质时，绝不能引入道德因素。社会实证主义法哲学家龚普洛维奇则认为法的指导思想是支持和维护一个群体在政治、社会和经济上对另一个群体的不平等，认为"自由意志"或"理性""自然法"和"不可让渡的权利"这些概念都是毫无意义的，都纯粹产生于想象出来的虚构。因而，法律不能保障和维护公民

① 吴真文：《法律与道德的界限——哈特的法伦理思想研究》，湖南师范大学出版社 2011 年版，第 36—38 页。

② Jeremy Bentham, *An Introduction to the Principle of Morals and Law*, Oxford University Press, 1823, p. 126.

的自由和平等，相反，法律恰恰是自由和平等的对立面。① 哈特所代表的新分析法学反对凯尔森的极端主张，在坚持实证主义基本立场的同时，向自然法学说靠拢，在《法的概念》一书中，提出了"最低限度内容的自然法"命题，在法是否必须符合道德的问题上，哈特说，"这是法律，但它们是如此邪恶以致不应遵守和服从"。② 这就暗示，虽然法学研究的对象是法律而已，但并不意味着法律中没有道德原则和道德因素的参与。③ 但他指出法与道德事实上存在的联系并不是必然的，在逻辑上和概念上没有内在的联系："法律反映或符合一定道德要求，尽管事实上往往如此然而这不是一个必然的真理。"④

实证法哲学的出现是近现代西方法哲学史上的一场深刻的变革和转型，它造成了西方法哲学史的"断裂"，使延续了十几个世纪的自然法哲学及其正义原则在此受到了无情的批判和强有力的挑战，失去了往日作为最高原则和绝对真理的至尊地位，是人类思维方式的一次转向。实证主义法哲学试图把人们的视野从空洞的观念世界拉回到现实的具体生活，摧毁它的先验论哲学基础。可以说，实证主义的这种"分离论"，在试图解决自然法理论的困惑时，主张对法律的适用性进行精确描述，对于法律独立品格的保持、完善法律的技术性、操作性具有积极意义。然而，这些法哲学流派，尤其是分析实证主义的极端形式，即凯尔森倡导的纯粹法学派，在完成自己的这一重要使命时却走过了头，故在实证法哲学理论体系中，其缺陷也是显而易见的。

其一，实证法学派否认法律与道德在本质上的联系，认为恶法亦法的观点必然会削弱法律的道德价值基础，结果只好把法律的效力归

---

① Ludwig Gumplowicz, *The Outlines of Sociology*, Phihclelphie, 1899, pp. 178 – 180.

② H. L. A. Hart, *The Concept of Law*, Oxford University Press, 1961, pp. 181 – 182.

③ 张文显：《二十世纪西方法哲学思潮研究》，法律出版社 1996 年版，第 81—100 页。

④ H. L. A. Hart, *The Concept of Law*, Oxford University Press, 1961, p. 126.

于规则，法律制度变成了机械的、僵化的规则体系，这无疑使法失去了应有的活力和生命。这种机械的、僵化的规则体系无法应对纷繁复杂的社会变化和活生生的现实生活，于是，对特定案件的解决，人们便愈多借助于调节或仲裁的裁决方式，法官就有可能以"依法司法"为借口为其不正义的裁决自掩，或为干了道德恶行的人开脱罪责，或为在"合法的"名义下从事卑鄙行为的人的罪恶辩护。

其二，实证法学派还有一个重要的方法论缺陷，他们在进行法律与道德的分离时，剥离了法律与道德的阶级性，他们关于法律与道德分离的讨论是脱离具体历史条件的抽象的讨论。① 事实上，一个社会的法律代表统治阶级的利益，受立法者的道德原则和道德理想的影响，却与被统治阶级的道德无必然联系。凯尔森倡导的纯粹法哲学，在批判自然法的时候，因限于对法作纯粹经验的研究，从一个极端走向了另一个极端，从理性主义走向经验主义的同时，也从绝对主义走向了相对主义。有的人甚至还干脆取消了对法律制度作正义与否的评判，他们不把道德与法律的关系放在具体的历史条件下考察，而关于道德与法律的关系，总是指特定的道德与特定的法律的关系。实际上，他们并未能真正做到纯粹的分离，他们所讲的法还是与统治阶级的道德具有一致性。看不到法与道德的阶级性，就无法弄清法与道德的本质区别与联系，这又正是出现凯尔森与哈特的实证法学相区别的深层原因。②

三 社会法学派

社会法学派是在自然法学派和实证法学派的基础上发展而来。经过开始的启蒙及发展阶段，社会法学派在"二战"之后进行着不断的创新和探索。社会法学派重点研究法的社会作用，法在治理和约束社

---

① 曹刚：《法律的道德批判》，江西人民出版社 2001 年版，第 10—11 页。
② 涂文娟：《论道德与法律的关系》，硕士学位论文，湘潭大学，2003 年。

会后达到的效果，将法作为一种社会制度，根据法出台后是否达到预期效果作为评判标准，而不是法的抽象内容和惩戒力度。他们关注的重点是社会现实，是法是否达到目的及治理效果，而道德和社会伦理则不是他们研究的范围。社会法学派指出自然法学派和分析实证法学派的弊端，认为自然法学派将道德与法律互相融合，分析实证法学派又片面地孤立和分裂了法与道德。社会法学派的这一观点引发了自然法学派和分析法学派的讨论和关注，推动了法与道德关系的进一步发展。

社会法学派从社会学的角度出发阐述道德与法律的问题，社会法学派的代表人物有涂尔干、庞德和韦伯。他们既反对把道德与法律截然分离，又反对把法律等同于道德。作为该派奠基人之一的涂尔干指出，在传统社会中，"社会成员平均具有的信仰和感情的总和，构成了他们自身明确的生活体系，我们可以称之为集体意识或共同意识"。①它促使人们之间形成一种社会凝聚力和集体归属感，维系着社会团结和社会秩序。他将宗教视为一种超越个人的集体意识的体现，把原始的道德和法律建立在宗教的基础之上，认为它们的有效性源于其神圣基础，并以这种集体意识的形式表现出来，与宗教混同在一起，共同发挥着社会整合功能。随着社会的世俗化和理性化，传统宗教、神圣的道德和法律趋于瓦解，理性的道德和法律取代了传统社会的虚幻的集体意识，成为社会整合的基本力量，并趋于普遍化。社会分工的日益发展，使得集体意识逐渐被削弱，自由、自主的个人发展成为可能，于是，法律较道德而言在推动社会团结上起着主导作用。当然，法律必须与社会道德规范相一致，重建社会道德规范在防范和消除社会失范、重建社会秩序上的作用是不容抹杀的。道德是"一种必不可少的最低限度，它一定是人们所必需的，就像是一块面包，每天少了它，

---

① ［法］埃米尔·涂尔干：《社会分工论》，渠东译，生活·读书·新知三联书店 2000 年版，第 42 页。

社会也会活不下去"，它"迫使我们沿着一条道路走下去，最终达到一个确定的目的"。① 涂尔干强调现代法在社会整合中的重要作用，追问其正当性的基础。他主张，社会分工的变化导致社会整合方式的变化，也促使法律的类型、基础及功能发生相应的变化。"社会团结本身是一种整体上的道德现象，我们很难对它进行精确的观察，更不用说测量了。"② 只有借助法律我们才能研究它，"法律为社会团结的一种指示器和社会整合的一种工具"，以信念为基础的"机械团结"和以社会合作为基础的"有机团结"影响着法律的发展和演变。在涂尔干看来，道德规范和法律制度在本质上表达了自我同一性要求，法律作为维系社会秩序的强制性手段，是社会道德和社会团结看得见的表达方式。法律有着一种方法论的功能，是一个社会的道德模式和社会整合形式的外在表征。"现代社会的法律建立在合意契约的基础之上，而契约背后一定有非契约的终极基础，但这种基础是什么以及如何形成，则是使他感到困惑的难题。"③ 他意识到，道德的社会必须是正义的社会，建立在合意之上的契约还是不够的，契约必须是正义的契约。

庞德发表的《社会学法学的范围和目的》一文标志着社会学法学的诞生。它的主要内容是：其一，研究使法律规则富有成效的手段；其二，为准备立法进行与法律研究相联系的社会学研究；其三，研究法律制度和法律学说的实际社会效果；其四，研究法律原理的演变及其产生的社会效应；其五，解决具体案件时，需重视合理和正义性。庞德将法律的运作类比为一种"社会工程"（social engineering），主张法律的作用在于以最小限度的浪费来尽可能最大限度地满足各种相互

---

① ［法］埃米尔·涂尔干：《社会分工论》，渠东译，生活·读书·新知三联书店 2000 年版，第 15 页。

② 同上书，第 27 页。

③ 高鸿钧、马剑银：《社会理论之法：解读与评析》，清华大学出版社 2006 年版，第 8 页。

冲突的利益需求。社会利益是衡量法律优劣的标准，法律的正当性就在于其作为一种社会控制手段所达到的社会目的。在他看来，道德与法律关系处于一个动态的发展链条之中。在《法理学》中，庞德把法律的发展分为五个阶段，并结合这些阶段来分析道德与法律关系呈现出的不同形态：在法律的萌芽时期或原始法时期（公元前 4 世纪以前），道德与法律混同在一起；在严格法时期（公元前 4 世纪初），法律从道德之中分化出来；在衡平法或自然法时期（古罗马时期—17、18 世纪），道德相对法律而言占据了主导地位；在法律的成熟时期（19 世纪），法律的目的在于保障平等的机会和安全的实现，道德与法律相互分离、又相互关联；在法律社会化阶段（19 世纪末— ），法律的目的在于尽可能地满足社会利益。庞德宣称，"将法律与道德彻底分开的做法（像分析法学家所追求的那样），以及将法律与道德完全等同的做法（像自然法学家所追求的那样）都是错误的"。① 他在《法律与道德》中，分别从历史的、分析的和哲学的三个层面对道德与法律关系的观点进行了历史考察和总结，认为 19 世纪的历史法学派、分析法学派和哲理法学派没有全面地把握两者的关系，主张依据法律的不同发展和在不同时期的目的来分析两者的关系。庞德在《法律与道德》第一版的前言中提到："法的性质，法与道德的关系以及法律史的解释是 19 世纪法学著作的三大主题……关于法律之性质以及法律史解释的争论，都和法与道德的关系的争论密切相关。"从中我们可以看出，法与道德的关系，是关系到法律性质的核心问题。除此之外，对法与道德关系的观点，影响到了对于法律发展的解释。在法与道德关系的答案没有彻底弄清楚之前，仍需要现代法学家乃至全人类的不断追求和探索，在探索中深入研究。然而无论怎样，唯一可以确定的是法与道德是密不可分，缺一不可的，一个社会除了法律的硬性规定和对人们

① 庞德：《法律与道德》，陈林林译，中国政法大学出版社 2003 年版，第 106 页。

行为的向导，道德因素同样不可忽视，只有将二者统一才能与和谐社会和社会主义法治建设相协调。①

韦伯主张，西方文化的合理化，影响着道德与法律之正当化基础。他坚持价值无涉的立场，认为道德与法律是相互分化的。他尤为强调法律的形式特征，认为道德观点只是主观的和武断的价值取向，不能加以合理化，因此，它们与法律的形式特征是不协调的，主张依据法律官员的职业化和执行的官方机构的官僚化来看待法律的合理化。韦伯把正当化类型区分为传统型、情感信念型、价值合理型以及法理型，反对法律的实质化，主张正义要求渗入法律之中是对法律形式合理性的破坏，甚至威胁法理型统治的正当性基础。一个法律规范或法律体系只要能够得到法律所属的该共同体中的成员的赞同就是正当的。这种赞同理应被理解为"真诚的认可"（sincere recognition），因为这是出于一种主观信念，即相信这是正当的或正确的行为标准，因而应当被遵守，而不仅仅是由于社会强制力的威胁。韦伯明确宣称，把制裁作为严格法律制度的定义的一个要素并不必然意味制裁就是遵守法律的主要动机，人们遵守法律规范是因为"例规则的内在化"。他还反对法律主外而道德主内的理论主张，认为法律后果与主观因素相关联，道德也制约着人的外在行为。可见，韦伯的主张带有法律实证主义的色彩，凸显的是道德与法律的分离，法律的正当性即合法律性。②

可见，实证主义法学派坚持分离命题，认为法律的道德性与法律的有效性无关，注重的是法律的形式，而不是法律的道德内容，其基本原则就是"忠实于法律：凡是实际存在的法律就是法律，无视这种

---

① 张文显：《二十世纪西方法哲学思潮研究》，法律出版社 1996 年版，第 29 页。

② 肖小芳：《道德与法律：哈特、德沃金与哈贝马斯对法律正当性的三种论证模式》，光明日报出版社 2011 年版，第 8—10 页。

法律绝不能认为在法律上是正当的"。① 与其他法学流派相比，社会法学派具有以下特点：一是更多地关注法律的运行机制，而不是它的抽象内容；二是将法律视为可通过有理智的人类努力加以改善的社会体制，因而坚信有责任发现促进与引导这种努力的最佳手段；三是强调法律所促进的各种社会目的，而不是制裁；四是呼吁将法律更多地看作带来社会正义结果的指南，而不是一成不变的模式在法律的实用主义哲学基础之上充分汲取社会学理论，以便形成将实用主义概念与方法系统地、具体地运用于解决各种特殊问题的学说。②

第三节　中西德法关系理论考察之启示

通过以上关于中西德法关系相关理论的分析，我们对中国古代历史上和西方法哲学史上道德与法律关系问题的发展脉络有了一个大致的了解。这一历史的回顾，也表明了道德与法律的关系问题是一个争论不休的话题，它能够彰显出不同的理论家对法律正当性问题的不同诠释和解答。

在西方，17 世纪至 18 世纪是（古典）自然法哲学的时代，近代古典自然法哲学家们（资产阶级启蒙思想家）以当时的道德原则和道德理想为素材，从各个出发点、各个层面对西方近代法治进行精神和理论的预演。格劳秀斯、霍布斯、斯宾诺莎、普芬道夫以"国家""安全"为出发点和核心，完成和强化了法学与神学的分离，使得西方的法律获得独立的学术形态；洛克和孟德斯鸠以"个人"和"自由"为原则，用高度理性化的分权制衡政体来有效遏制政府对自然法的违反，

---

① 杨心宇：《法理学研究：基础与前沿》，复旦大学出版社 2002 年版，第 161 页。

② 张乃根：《西方法哲学史纲》，中国政法大学出版社 2002 年版，第 331—332 页。

维护个人自由，高扬个体人格的自主性；卢梭的社会契约论更是对封建君主专制的否定，其关注的核心价值直接指向人类的终极幸福。至此，"自然法"所蕴含的革命性意义被发挥到极致。古典自然法哲学在本质上是资产阶级的革命信条，但是随着资产阶级政权的建立，这个阶级的社会地位使得它在世界观和方法论上逐渐失去了革命性，这无疑将预示着自然法理论的即将式微，所以18世纪末叶兴起于英国的分析实证主义法哲学的出现便宣告了古典自然法哲学理论的终结。

如果说，17、18世纪是（古典）自然法哲学的时代，那么19世纪则是解构自然法哲学的时代。在这一百余年间，活跃于西方法哲学界的各大流派皆以作为自然法哲学的否定面和对立面而产生和存在。19世纪西方法哲学家的历史主题是：实施、完善和捍卫资产阶级的法律体系，在他们看来，法律的形式化远比伦理的实体化来得重要，因而，法律实证主义者谋求法学的实证化、独立化、科学化和系统化。当然，法律实证主义在19世纪西方法哲学界的出现和兴起还有其他各种因素。19世纪是一个社会的物质生产大分工和实证主义分析方法在人文领域逐渐占据主导地位的时代，是一个自然科学飞速发展与客观实验普遍应用的时代。作为这一时代的历史产物的法律实证主义对西方近代法治理念的确立乃至普及有着巨大的历史功绩。法律实证主义使得法律的独立地位得以形成和巩固，把它确立为人们的普遍观念，并得到理论支持以及学术的论证和保障。在西方近代法律思想史上，古典自然法理论将法学从神学中解放出来，从而在理论上扬弃了"宗教"，但法学却依然依附于哲学、伦理学。这意味着，近代法律对道德的扬弃尚未取得自身的理论形态和学术保障，而这一任务是由法律实证主义得以最后完成的。19世纪中叶，奥斯丁明确宣布自己将厘定"法理学的范围"，并断然主张，法理学的对象是实在法，从而将法理学与伦理学区分开来，这是人类法学史上的一场深刻的革命。自此以后，法理学才真正拥有了自身独立的研究范围与研究对象，法律与道德的分离才真正取得了学术形态，至此，法律的形式化发展便获得了自身独立的力量和空间，并由此走向了极致。特别是，19 世纪末期的德国实证主义法学将道德和价值逐出法学领域，并遵循这种逻辑走向极端，最终成了 20 世纪上半叶德国纳粹的政治帮凶，便使得法哲学家们认识到法律的形式化发展必须维持一定的适当的度，无论是"不及"（如古典自然法时期），还是它的"过"（如极端实证主义），都将伤害人类作为道德主体和法律主体的情感。① 法律实证主义为法哲学家所开辟的这一领地依然不是人类法律思想史上的理想境地，人们又不得不开始重新思考法律与作为法律之价值和灵魂的伦理道德之间的关系。②

在我国，从古至今，道德与法律关系问题也是一个备受关注的热点问题。围绕德与刑、礼与法展开的争辩构成了道德与法律关系发展的基本理路。历代的思想家侧重从规范或功能层面上的互补来论述两者的关系。特别是自 20 世纪 80 年代以来，随着法律伦理学这一新兴学科的兴起，道德与法律的关系广受伦理学界与法学界人士的密切关注，"法律伦理学正是以法律关系和道德关系的相互交叉、相互关联、相互作用为基础，研究法现象中的伦理道德问题的一般规律的学问"。③ 考察中国和西方对道德与法律关系的讨论和描述，我们可以发现某些类似的东西贯通其中。它可能超越特定时期特定统治阶级的利益而具有永恒意义，那就是道德与法律分离或是结合的问题，实际上是道德什么时候，以什么方式进入法律的问题。中国古代儒家关于道德与法律的思想与西方的自然法学派思想有相似之处，都把衡量法律制度合理与否的标准放在目标合理方面，而较少考虑法律自身的因素；强调法律规则的实质合理性，较少考虑法律过程的因素，这就使道德不仅在立法阶段，而且在执法阶段直接进入法律，尤其是中国古代的

---

① 张文显：《二十世纪西方法哲学思潮研究》，法律出版社 1996 年版，第 311—318 页。

② 涂文娟：《论道德与法律的关系》，硕士学位论文，湘潭大学，2003 年。

③ 李建华、曹刚：《法律伦理学》，中南大学出版社 2002 年版，第 2—3 页。

伦理法在"道德至上"思想的支配下，大量的道德规范通过立法途径直接进入法律，执法过程又倾斜于"法本原情""舍法取义"，结果，虽然个别案件的处理符合"民情""道德正义"，但法律规则的一般性却被破坏殆尽。

当然，由于历史文化传统等的不同，中国古代儒家关于道德与法律的思想与西方的自然法学派思想是无法画等号的。自然法即西方的道德法。按《不列颠百科全书》的解释，它是指整个人类所共同维护的一整套权利和义务，一开始强调它是不以人的意志和情感为转移的客观存在，是理性。它天然合理，不证自明，绝对有效。因而一开始它就重视人与人之间的平等、自由、博爱、财产等权利。而中国的道德，一开始就是血缘至上、宗法至上，是重亲疏贵贱尊卑长幼之分而否定平等、自由、权利的道德，它首先是人的情感、本性而非客观存在。所以在西方自然法思想或道德思潮的盛行只表明有许多人主张以更合自然理性、更道德的法律去取代现行僵化的不合理的人定法。这虽有浪漫激情之嫌，仍不乏一种崇尚科学、崇尚正义的精神。而中国式的对道德的钟情只表明人们企图摆脱法律的拘束以求更随心所欲地实践道德。

中国古代法家所主张的"法治"与西方思想体系中的"法治"也是不同的。因为法家的"法治"理论建立在宗法制度之上，不具有民主的精神，他们的法治实践不具有民主的社会条件和制度基础，几乎不考虑"法治"之法的内容或精神的正义性、合理性，所以这只能是人治之下的法治。但法家强调法的统一性、一致性、严肃性，严禁道德评价干预司法的主张，与实证主义强调的法律的形式理性原则似有不谋而合之处。①

纵观中国历史上道德与法律关系的曲折发展过程，我们不难发现，

---

① 魏洪秀：《论道德的法律化和法律的道德化》，硕士学位论文，上海交通大学，2003 年。

道德与法律既有相对协调的平衡时期，也有此消彼长的矛盾时期，具体体现为长期的德法融合和短暂的德法对立。中国过于看重道德的作用，相对忽视法的巨大功能。在二者之间的关系上，则是过于看重德法融合的作用，而忽视两者之分歧。由于过于强调德法融合，而造成两个社会规范系统的互相捆绑和互相限制，在二者之间没有形成足够的张力，使二者都没能获得充足的发展空间，最终导致道德体系与法律体系均未完善。而对于西方来说，"在宗教改革和启蒙运动之后，随着宗教与世俗社会相分离，法律从基督教伦理中解放出来，走上了相对独立的发展道路，其直接后果就是道德和法律之间出现了距离，而且距离愈来愈远，最终使道德失去了对法律的控制能力"。① 可见，在德法关系上，西方的经验是道德与法律相互分离，教训则是二者的过度分离造成了体系之间的断裂，乃至精神的背离。总之，历史证明，道德与法律既不能过于融合，也不能截然分开，不能互相支持的道德与法律迟早会走向歧途。人类对法律和道德关系长期探讨的过程，实际上就是人类对文明秩序、理想法治的追求过程。它显示出道德和法律之间既相互区别又密切联系，因而德法互济成为必要。

---

① 庞德：《法律与道德》，陈林林译，中国政法大学出版社 2003 年版，第 57 页。

第三章　本体追问——德法互济的学理基础

　　法律与道德是社会治理的基本方式，是人类调节社会关系的基本规范。"依法治国与以德治国相结合"国家治理方略的确立，不是纯粹主观选择的结果，而是积极吸收优秀的传统资源，并结合当代中国实际与时代特征形成的一种优良的治国模式。这是从客观上或社会存在上说明德治与法治可以互济。那么，在逻辑上应回答这样一个重大问题：道德与法律为什么能够互济，即德法互济的理论依据是什么？我们有必要对德法互济的学理基础进行分析。

第一节　德法互济的理论辨析：道德与法律的区别与共性

　　道德与法律互济的前提是法律和道德存在可统一性。我们从道德和法律的概念上看，在语言运用上二者在人类历史的早期是没有区分的。庞德在《法律与道德》一书中说道："耶林对法理学家在讨论法律与道德规范时必须采用的那些语词进行了详尽的研究……他指出，在这个方面，古罗马有两个语词（ius, mores），而德语却有三个语词

（recht，sitte，moral），英语中也有三个语词（law，morality，mor-als）。"① 这说明西方早期曾存在法律的概念和道德的概念合一的现象。梅因在研究了东西方的法典后认为："这些东方的和西方的法典的遗迹，也都明显地证明不管它们的主要性质是如何的不同，它们中间都混杂着宗教的、民事的以及仅仅是道德的各种命令；而这是和我们从其他来源所知道的古代思想完全一致，至于把法律从道德中分离出来，把宗教从法律中分离出来，则非常明显是属于智力发展的较后阶段的事。"② 但近代以来，法律与道德的区别与共性，成为法律思想家认真对待的一件事。

一 道德与法律的区别

在近代以前对法律与道德的区分的探讨很少。托马斯·阿奎那曾区别了法律义务和道德义务。他认为："一个法令具有强制性的力量，因此，凡是由法律强迫遵守的事项都可以说是直接属于法令的范围。……人作为人法的制订者，只能对外在的行动作出判断。"③ 阿奎那根据亚里士多德的说法，认为砥砺德行的方式有三种：可能受神法和人法的支配，也可能只受神法的支配，或可能受习惯的支配。阿奎那所说的神法实际上就是神定的道德，上帝能够判断人的意志的内在活动。阿奎那认识到道德义务存在着区别于法律义务的地方，即它可以支配人的内心活动，导致一个人的自愿行动。

康德就法律与道德的区分提出了一个著名的观点，即在《法的形而上学原理——权利的科学》一书中区分了伦理的立法和法律的立法。

---

① ［美］庞德：《法理学》（第二卷），邓正来译，中国政法大学出版社 2007 年版，第 215 页。

② ［英］梅因：《古代法》，沈景一译，商务印书馆 1959 年版，第 9—10 页。

③ ［意］阿奎那：《阿奎那政治著作选》，马清槐译，商务印书馆 1963 年版，第 127 页。

"那种使得一种行为成为义务，而这种义务同时又是动机的立法便是伦理的立法；如果这种立法在其法规中没有包括动机的原则，因而容许另外一种动机，但不是义务自身的观念，这种立法便是法律的立法。"① 康德认为法律的义务是外在的义务，因为这类立法不要求内在的义务，就是决定意志行动的原则。而伦理的立法则使得内在的行动也成为义务，尽管它并不排除外在的行动。所以，伦理的立法含有一种根本无法归入外在立法的特性。康德在认识法律和道德的时候，显然认为道德纯粹是内心的自我决定和选择以及它的外在表现，不可能由外力强加于自身。而法律是外在的立法者所导致，属于外在的义务。

有的法学家认为道德和法律的区别是：道德只有义务，而不规定权利，法律则有权利和义务两方面的规定。此观点由俄国法学家彼特拉日茨基提出，并为许多法学家赞同。而德国法学家坎特诺维茨认为，这种区分不符合道德意识的基本事实，虽然不是所有的伦理秩序中都包含着道德权利概念，但在相当多的伦理秩序中有道德权利的位置。坎特诺维茨认为，有关法律和道德的最著名的区分首先是司托提出、主要由托马秀斯和康德发展、现在仍然流行的区别：法律指示外部行为，道德指示内部行为。坎特诺维茨坚持这一区别，他认为法律真正规定的不过是外部行为，而道德规则只要求善良的行为动机或意识，而不要求意志的任何种类的外部表达。奥地利法学家凯尔森认为一个仅与行为动机有关的道德规范是不完全的，只有动机和外部行为都符合道德规范，才有道德价值。他认为我们只有把法律看作试图通过把社会的有组织的压迫行为归于一个相反行为，以产生出一个特殊的人类行为的强制秩序，即规范秩序，才能基本上把法律同道德分开，而道德是一个没有规定这种制裁的社会秩序，即一个其制裁仅仅表现为

---

① ［德］康德：《法的形而上学原理——权利的科学》，沈叔平译，商务印书馆1991年版，第23—24页。

对符合道德的行为的赞许和对违反道德规范的行为的非难中的秩序。①
凯尔森实际上仅仅将法律与道德的区别限定在技术手段（制裁手段）
上，其目的是相同的。

然而，也有学者将法律和道德不进行绝对的区分。如庞德认为法
律与道德既有联系，又有区别。他认为法律与道德的区别有以下四方
面：首先，为了维续一般性安全中的社会利益，防止冲突并维护法律
秩序对私斗的取代，法律必须处理许多在道德上无关紧要的事情。其
次，法律并不赞许许多它并不明确反对的事情。再次，法律不得不在
双方当事人于道德上均无瑕疵的情况下处理损失归属问题。最后，法
律的一般性特征使法律结果与共同体的道德观念所要求的那种结果至
少在一定程度上不相一致。② 美国法学家博登海默认为，法律和道德的
区别并不是很明显，他说："法律的制定者们经常会受到社会道德中传
统的观念或新观念的影响。如前所述，这种道德中最为基本的原则，
大多数已不可避免地被纳入了法律体系之中；此外，我们还应当注意，
在那些已成为法律一部分的道德原则与那些处于法律范围之外的道德
原则之间有一条不易确定的分界线。"③ 他也反对仅从内在动机和外在
行为的角度来认识法律和道德的区别，法律通常也要根据行为的意图
进行处分，而道德也并非对行为漠不关心，道德戒律的主要目的是引
发合乎社会需要的行为。④

法律与道德到底是相互完全区分，还是二者交叉重合，甚至难以
区分，学者们有不同的观点。这种不同也许是不同的视角和不同的语

---

① ［奥］凯尔森：《法与国家的一般理论》，沈宗灵译，中国大百科全书出版社
1996 年版，第 20 页。

② ［美］庞德：《法理学》（第二卷），邓正来译，中国政法大学出版社 2007 年
版，第 260—266 页。

③ 同上书，第 376 页。

④ ［美］博登海默：《法理学：法哲学及其方法》，邓正来译，中国政法大学出
版社 1999 年版，第 372 页。

境下的产物。①

从法律与道德产生和发展过程来看，两者的区别是明显的。道德与法律的区别主要表现如下。

第一，在产生时的人性预设上不同。东西方的文化传统中，在对人性的界定上曾有性善论与性恶论的对峙。一般而言，道德的产生侧重于人性善的预定。也即认为，人性更多地向善，只是暂时或局部地被恶所遮蔽。人性向善是必然的，向恶则是偶然的。偶然的恶不足以从根本上威胁现实社会。故而，人类既有必要也有可能设定道德规范，最大化地引人崇善，以建构理想的社会秩序，追求最大化的整体利益。相反，法律的产生侧重于人性恶的前设。也即认为，人性更多地向恶，向善不过是暂时和局部的。人性必然向恶，而偶然向善。但是，偶然的善不足以从根本上维护社会的基本秩序。为了防止恶的蔓延与肆虐，以保障最基本的社会秩序，维护最大化的个人利益，故而有必要设定以强制力为后盾的法律。

第二，在产生顺序及方式上不同。道德与法律虽有其同源性，但并非同时产生，而很可能是先从习俗礼仪中分化出道德，而后才从道德中进一步分化出法律。根据历史唯物主义的观点，道德是自发地萌发于人类的早期劳动和简单交往，形成于社会分工的出现和发展，而法律则主要是形成于阶级分化的社会阶段。在人类社会发展中，道德具有层次性。如美国法学家富勒将之分为"义务道德"与"愿望道德"，② 英国法学家哈特将之分为"基本道德"与"非基本道德"，③ 国内一些学者也划分出"常人道德"与"圣人道德"两个层次。其

---

① 郭忠：《法律秩序和道德秩序的相互转化——道德的法律化和法律的道德化问题研究》，中国政法大学出版社 2012 年版，第 216—220 页。

② 沈宗灵：《现代西方法理学》，北京大学出版社 1992 年版，第 54 页。

③ 张文显：《二十世纪西方法哲学思潮研究》，法律出版社 1996 年版，第 430 页。

中，所谓的"义务道德""基本道德"或"常人道德"，对于人类社会的存在与发展而言，是最为基本、最为必要、必须被社会成员普遍遵守的行为规范，是社会基本秩序的保障。在阶级社会中，统治阶级为了其阶级利益，以国家机器为后盾，通过制定或认可的方式，将这些基本且必要的道德规范上升为强制性的法律。正如英国政治哲学家威廉·葛德文指出："正义的政治法令不过是从道德规范中精选出来的一部分。"① 也如美国法学家霍姆斯所言："法律乃至是我们道德生活的见证和外部沉淀。"② 因此，虽然间接上道德与法律共同源于人类原初社会的习俗与礼仪，但早期的法律直接形成于道德，人类社会中先有道德后有法律。

第三，在权利与义务关系上的侧重不同。一般说来，道德以义务为中心。出于人性必然向善的考虑，道德更重义务而轻权利。这一特点在中国的传统伦理中表现突出。道德权利是道德义务的衍生物，只因个人履行了道德义务才有他人的道德权利。这表现在利益关系上，道德更推崇利益奉献，通过倡导积极地履行义务，直接追求社会的整体利益而间接地追求个人利益，努力建构善美的理想社会。与之不同，法律以权利为中心。出于人性必然向恶的考虑，法律更重权利的维护而轻义务的履行。这一特点在西方国家的法律运行中表现更为明显。法律义务是法律权利的衍生物，只因要维护个人的法律权利才要求他人履行法律义务。在利益关系上，法律更关注利益索取，通过强行维护权利，直接追求个人利益而间接追求社会的整体利益，努力保障基本有序的现实社会。

第四，在调整范围上不同。在调整范围上，通常认为道德不同于法律，而且是道德大于法律。但二者的调整范围究竟有哪些不同？是

---

① ［英］威廉·葛德文：《政治正义论》（第一卷），商务印书馆 1997 年版，第 81—82 页。

② 张晨、王家宝：《道德法律化与法律道德化》，《政治与法律》1997 年第 5 期。

否意味着道德包含了法律？对此，学界鲜有明确的阐释。如前所述，早期的法律产生于道德，是部分道德规范被强制化的结果。因此在初始阶段，道德调整的范围大于并包含了法律的调整范围。在其后的发展中，一方面由于法律逐步被补充以某些特殊领域中的非道德规范，如关于交通、票据交易方面的规范，另一方面由于其自身的实证性发展和其社会作用的日益凸显，法律逐步掩盖了道德的光芒。道德底色在法律中的日渐退隐造致一种假象：道德与法律无关而分属不同的领域。但是，正如美国法学家博登海默指出："法律和道德代表着不同的规范性命令，然而它们控制的领域却是部分重叠的。从另一个角度看，道德中有些领域是位于法律管辖范围之外的，而法律中也有些部门在很大程度上是不受道德判断影响的。但是，实质性的法律规范制度仍然是存在的，其目的就在于强化和确使人们对一个健全的社会所必不可少的道德规则的遵守。"① 放眼当今世界的各国法律，一方面，法律的主要内容依然是基本而必要的道德，其大部分调整范围包含于道德范围之中。在此意义上，作为一种"底线（限）道德"或"道德底线（限）"，"法律是基本的道德，道德是不成文的法律。"② 另一方面，法律又包含着某些非道德的方面，其调整范围中有部分位于道德的调整范围之外。简言之，在当前的存在中，法律与道德在调整范围上有很大一部分是相互交叉的。

第五，在调整对象及其方式与力度上不同。虽然道德与法律的运行均以一定的社会秩序为鹄的，以最大化的利益诉求为核心，但它们实现这一共同的价值目标的过程却有所差异。其中，道德的调整以思想观念为直接对象，以社会行为为间接对象；而法律的调整则以社会行为为直接对象，以思想观念为间接对象。道德的调整主要以内在的

---

① ［美］博登海默：《法理学：法哲学及其方法》，邓正来译，中国政法大学出版社 1999 年版，第 377 页。

② 郭广银：《伦理学原理》，南京大学出版社 1996 年版，第 112 页。

良心和外在的社会舆论为后盾，后者通过前者而发挥作用。进而言之，道德的调整主要诉诸内在力量，以"应当"或"不应当"为命令形式，通过对内在心灵的深切触动而柔性地、积极地引导社会行为。而法律的调整主要以外在的国家暴力为依托，以"必须"或"禁止"为命令形式，通过直接强烈地刺激外在肉体、间接微弱地触及内在心灵而刚性地、消极地规范社会行为，主要诉诸外在力量。对于实现和维护社会秩序的价值目标来说，道德的调整是重在"治本"，而法律的调整重在"治标"。据此，在调整力度上，道德力量较弱而法律力量较强。

第六，在运行过程上的灵活性程度不同。法律与道德的这一区别正如德国伦理学家包尔生指出："由于法律秩序在运用时必然带有某种机械性，道德法则被成文法所违反和打破的情况仍会发生。各种个别情况中呈现着数不清的具体差别，而法律本身只是一般的、概念的、纲要的。"一般而言，特定社会中的道德具有多元性。代表不同阶级、不同阶层、不同群体，甚至不同时代的多种道德常常是并肩而立，错综交织。因而，社会对具体行为的道德评价极具灵活性。这表现在，社会群体在持有的道德观念上具有差异性，在道德评价的标准上具有分歧性，在道德评价立场上具有多维性，在道德评价后果上带有非严重性，在评价过程上显有随意性，等等。与道德不同，特定社会中得到国家暴力支撑的法律有且只有一种。法律的一元性具体表现在，社会群体的法律观念是一致的，法律评价的标准是统一的，法律评价的后果是严重的，调整力量是强大的。这些因素进一步决定了法律在制定过程上的严肃性、在适用范围上的普适性、在表现形式上的严格性和抽象性、在评价过程上的机械性与刻板性。

第七，在社会作用大小上不同。道德与法律同属社会上层建筑中的意识形态部分，均与社会的经济基础具有一定程度的联系。其中，法律以暴力为手段，强制性地规范行为而保障社会的基本秩序，从而直接服务于社会的经济基础，服务于统治阶级的整体利益。而道德在根本上则以内心的善念为动因，通过柔性地倡导行为而建构良好的社会秩序，仅间接地服务于该社会的经济基础和统治阶级的整体利益。显然，对于社会经济基础而言，法律比道德的联系更为紧密，作用更为直接，力量更为强大。①

二　道德与法律的共性

俄罗斯思想家 C. 谢·弗兰克从法律与道德的终极来源上认为二者的共性在于：“法律与道德都是法规，基本上包容了整个人类生活并且归根结底都来源于人的良心，来源于应当意识，因而无论从对象上还是从来源上都无法相互区分；一方面，道德所涉及的不仅仅是人的内心生活，不仅仅是人与人之间的私人关系，而且原则上是人与人之间的一切关系，另一方面，法律，首先是作为‘应当’因素的普遍意义上的法律，所涉及的也不是外在行为，作为单纯生理现象的人的外在行为不受应当这种理念因素的制约，而为人的意志所左右。”②

在对“应当”的追求中，西方的自然法思想诞生出来，试图通过对永恒的价值的追求，使这种应当成为对道德和法律的限定。而这种应当也就成了和实然（事实）不相分别的东西。不过自近代以来人们发现永恒的“应当”不可企及时，“应当”也就成为依附于情感的可变价值。由于这种可变价值不足以提供法律科学的确定性，因此法律实证主义者将法律的概念和“应当”的追求拦腰斩断，使人们逐渐淡忘了法律的价值内涵，法律和道德的疏离也日益凸显。

其实，分析实证主义关注的只是概念的确定性问题，他们并不能否认法律和道德一样都有对“应当”的追求，而且这种“应当”在价

---

① 田方林：《发生学视野中的道德与法律关系再探》，《重庆师范大学学报》2009 年第 4 期。

② ［俄］弗兰克：《社会的精神基础》，王永译，生活·读书·新知三联书店2003 年版，第 99 页。

值层面上是同一应当。我们不能想象在一个社会里，法律和道德各有其不同的价值追求，就好像一个人不可能有相互矛盾的人生法则一样。法律和道德并非在完全不同的领域发挥作用，它们都是人们生活的指南，告诉人们该做什么和不该做什么，而这种该与不该所体现的正是人们对"理想"的生活方式的认识。从法律与道德的不同上看：法律更多地关心人的外在行为领域，而道德更多地关心人的内在动机领域；法律主要依靠外在强制实现，而道德主要依靠内心自律实现。虽然有这些不同，但这些不同只是侧重点和实现方式的不同，在应然的价值层面二者是共享的。

法律和道德都来源于人们对"应当"的追求，即对理想人生和理想秩序的追求。这种追求落实到现实中，则形成了现实的目的，即如何有效地去实现这种"应当"。法律和道德构成了一个具体的社会如何实现这种应当的具体方法。当然在不同的社会制度和人性下，我们主要运用法律还是运用道德，是完全不同的，因此也构成了法治和德治的区分。它们都可以致力社会秩序的形成。

但由于法律和道德毕竟有所不同，法律更多地关注行为，而道德则主要在思想领域发挥作用。这很容易使人误会为：法律只调整行为，不涉及人的思想；道德只是关注思想，而不调整人的行为。但实际上是：法律调整人的行为，也要关注人的思想；道德调整人的思想，也必然调整人的行为。因为，在对一个违法行为的认定中，主观是否存在故意或过失，是判断是否违法的必要条件；在对人的道德思想进行判断的时候，行为是否符合道德也是必要条件。因此，无论是法律还是道德都不可能只关注动机或只关注行为，而是把动机和行为视为一个整体。在绝大多数情况下，有什么样的动机才可能产生什么样的行为，动机和行为的一致才是符合逻辑的。

由于动机和行为是一个整体，其对社会秩序的影响就不可能仅是单方面作用的结果。道德主要通过对人的内在思想的影响，从而影响人的外在行为；法律主要通过对人的外在行为的调整，影响人的内在思想。它们二者都可以在"应当"的理想价值追求下，致力于社会秩序的有效形成。因此，法律和道德可以产生共同的社会目的，服务于同一目的。①

从道德与法律的关系看，它们均是由经济基础、最终由生产力的发展所决定的上层建筑现象的组成部分并对生产力有反作用，都是物质制约性和主观能动性的统一。法律与社会所倡导的主流道德具有指导思想的共同性，内在精神和社会本质的一致性，其目的、任务、历史使命以及基本原则、内容也具有根本性质上的一致性。基于此，道德与法律的互济不仅是可能的，而且在某种意义上讲互济更是一种客观需要。德法互济主要基于两者的共性。道德与法律的共性主要体现在以下几个方面。

一是在产生上的同源性。根据历史唯物主义的观点，人不仅具有自然属性，更重要的是有其社会属性。人不可能超越特定的社会共同体而孤立、抽象地存在，必然要在具体的社会中实施行为。如何规范社会行为，以有序地展开社会交往，努力追求人类个体乃至整体的利益，这是人类社会自产生以来就面临的重要问题。国内有学者曾从发生学的角度，较为充分地论证了两者均源于早期人类社会的习俗、礼仪等行为规范。礼在远古社会集原始宗教、伦理道德、政治、法律等为一身，是社会未分化状态的规范体系。只因对于人类社会的发展具有不同程度的重要性，各种习俗与礼仪才逐步分化为道德规范和法律规范。这就是说，法律与道德至少在行为规范的意义上具有同源性，均能从伦理的角度做出一元性的解释。

二是在基本性质上的同质性。道德与法律在社会中有多维度的存在方式，展现出多方面的同质性。其中，道德观念与法律观念同属观念层次的存在，道德规范与法律规范具有行为规范的同质性，道德评

①　郭忠：《法律秩序和道德秩序的相互转化——道德的法律化和法律的道德化问题研究》，中国政法大学出版社 2012 年版，第 220—223 页。

价与法律评价同属行为评价的范畴，道德制裁与法律制裁则具有行为制裁的相同性质。

三是在运行机制上的同构性。无论道德还是法律，在其完整的社会运行中一般都是行为个体首先对一定社会阶段的道德或法律获得某种认知，进而在内心形成相应的道德或法律观念，然后根据这一观念产生相应的行为意志，并具体实施相应的行为，该行为随后接受道德或法律方面的评价，最后行为个体承担相应的行为后果。简言之，道德与法律的社会运行机制具有动态上的同构性，均展开为"认知—观念—意志—行为—评价—后果"这一过程。只不过在不同的环节，道德与法律有具体的差异而已。

四是在功能上的同向性。道德与法律作为一套具体的行为规范，对特定社会行为的性质首先能做出相应的评价，即评价其为善或恶，为合法或不合法。这种评价功能的实现，进一步体现出道德与法律的强制功能，即要么是力度较强或较弱的外在力量，要么是较弱的内在力量对行为的实施或不实施予以一定程度的强制。而强制功能的根本落实则在于对行为朝向某种方向践履的规范与引导，此即道德与法律的范导功能。道德与法律的评价和强制功能除了要实现社会公平与正义以追求利益的最大化外，两者都附有某种教化功能。道德通过褒善贬恶而教化人心，法律通过赏善罚恶，对人亦有积极教化之功效。

五是在价值目标上的同归性。秩序是道德最基本的价值目标。借助其完整的运行机制，道德对社会行为予以调整和规范，试图建构与维护某种社会秩序，最终追求某种利益的最大化。与之相似，秩序也是法律的基本价值目标之一。任何法律，从秩序的意义上讲，都要追求并保持一定的社会有序状态。法律是为一定秩序服务的。在秩序问题上，不存在法律是否服务于秩序的问题。所存在的问题仅在于法律服务于谁的秩序、怎样的秩序。简言之，道德与法律的社会运行均以规范行为为手段，以调整社会秩序为目标，以追求利益为核心。两者作为行为规范的共性及其共同价值目标的存在，最为深刻地揭示出了人之存在的社会属性。①

三　德法互济的理论辨析

道德和法律的关系不论在哲学界还是法学界，都是一个既古老又年轻，理论性和实践性都很强的话题。道德与法律虽同为调整社会关系的两大基本规范，但在社会生活中道德和法律的调节方式和作用是不同的，道德规范是一种"软调节"，它主要诉诸人的内心信念和道德自律；而法律规范是一种"硬调节"，具有不以人的意志为转移的外在强制力量。法律保证了底线的伦理道德，而伦理道德对于法律规范的公平正义和正确实施，发挥着价值导向和实践评判的巨大作用。二者的优化组合和协调发展是治国安邦的关键所在，它们犹如车之两轮、鸟之两翼不可分离，相互作用、相辅相成。道德与法律的区别与共性，使德法互济具有了可能性。在我国当下依法治国与以德治国相结合的国家治理现代化进程中，要弄清楚德法互济这一命题，我们还必须对德法互济的一般原理进行分析。

（一）法律具有道德基础使德法互济成为必然

法律源于习惯和道德，恩格斯曾经说过："在社会发展某个很早的阶段，产生了这样的一种需要：把每天重复着的生产、分配和交换产品的行为用一个共同规则概括起来，设法使个人服从生产和交换的一般条件。这个规则首先表现为习惯，后来便成了法律。"② 法律起源于道德习惯这一事实使得法律天然具有了道德属性。随着法律领域的技术性因素迅速膨胀，法律的外在形式化特征日趋显著。但是，穿越种种纷乱的表象，我们不难发现，法律还是以道德为归属的，它总是体现着某种道德精神，追随着某些道德目标，遵循着某种道德价值准则，

---

① 田方林：《发生学视野中的道德与法律关系再探》，《重庆师范大学学报》2009 年第 4 期。

② 《马克思恩格斯全集》第 18 卷，人民出版社 1964 年版，第 809 页。

基本上每一个条文背后都蕴含着一个深刻的道德命题。

事实上，从深层次看，法之所以被普遍遵守最根本的原因在于其具有被普遍尊重的内在依据，即普适的道德性。作为合乎道德价值要求的良法一般要求体现基本的道德价值观。具体来说，体现在两个方面。

第一，追求正义。正义是道德的追求，也是其重要内容。而一部良法也必须以追求正义的实现为基本要求。因此，正义也就成了法律必须达到的道德价值。在法律的视野中，正义价值是其所有价值中最核心的一个。正义也是法律意义上的善良的根本评价标准和尺度准则。

第二，追求幸福。道德最崇高的理想就是追求人类生活的幸福。法虽然在外观上呈现出鲜明的惩罚性，以义务和责任约束人们的行为，但实质上，法只是利用了人们的趋利避害的功利心以恶制恶，从而达到维护基本的安定秩序和保障基本的公民权利不受侵害的目的。

在实证主义法学派学者的眼中，法律是由统治者制定或认可的以调整社会关系为主要内容的规范，人们理应无条件遵守；但是在自然法学派学者的眼中，正义、公平等一系列高层次的道德观念，作为一个评判良法与恶法的标准存在于法律之上。立法者将公认的道德要求确认为法律，成为受国家保护的一种必须为之而不是可为可不为的行为标准。自然法学派认为，实现社会的正义与公平是法律的神圣任务，同时也是良法应该具有的基本功能。而作为以维护社会秩序为基本目的的法律，首先必须承认和反映这些才能在社会中存续。否则，人类秩序就无从维护，社会也无法存续和发展，法律当然也就不可能存在。因此任何一种法律体系的建立，都必须建立在一定的道德基础上，获得基本的道德支持。缺乏道德支持的法律必然是恶法，根本无法与社会价值相融合，自然也就会丧失存在意义，最终就会变成无用的法律。因此，在法律的道德基础的要求下，法律必须与道德总是维持一种特殊的关系，及时从道德中汲取营养，以维持法的生命力。

（二）道德与法律的区别使德法互济成为必要

法律具有道德基础，二者之间也具有重合性，但是法律与道德毕竟属于两个领域，二者具有显著的差异，甚至不少时候也会呈现出真正意义上的对立和冲突，尤其是在规范层面。作为规范而存在的法律与道德，是解决社会问题的主要利器，是实现社会控制的有益工具，同时是达到某种特定的预期的社会秩序的两个主要手段。规范层面上的法与道德在特征性质、表现形式、运行机制以及发挥作用的方式等诸多方面有着明显的差异。道德是关于正义与非正义、正义与偏私、善与恶、荣誉与耻辱、幸福与苦难等观念相对应的由内心信念、传统习惯和社会舆论来保证实施的行为规范的总和。它与法律、政策、纪律、宗教和其他社会现象一样，具有调整人们行为和思想的特征。但它与法律各具特色，在功能上具有互补性，这就使得法和道德的有机结合成为必要。这集中体现在两个方面。

首先，法律评价是一种普遍性标准的评价，而道德评价是一种个性化的、非普遍化的评价。在社会评价体系中，法律评价和道德评价是两种不同的评价机制。法律对待社会成员不能因不同的人群而有显著的区别对待，法律要对人们提供相同的法律和义务要求。法的评价标准不是个别化的、任意的，而是客观的、法定的，它以同样的标准和尺度普遍适用于一切人，更强调形式平等。但是，道德评价具有较强的观念性，更强调的是实质平等。而事实上，全面正确地评价一个行为，并不能依靠法律评价抑或道德评价这样单一的评价标准，必须将普遍性和个别化、客观性和主观性、形式公平和实质公平等因素综合考虑，必须将法律评价和道德评价有机结合。

其次，法律是一套行为规范体系，以具体的责任和义务的严格规定约束着人们的行为，当人们违反这套行为准则时，将会受到来自国家强制力的惩治，因而是一种强有力的刚性调整方式达到既定的社会调整目的。而道德则是一套观念体系，并不能直接规范人的行为，只能通过调整人们的思想来间接调整行为，而且一旦有人违反道德观念，道德也无法直接以强制力的形式制裁，只能通过人的内心信念和外在舆论压力发挥作用，因而更依赖柔性的调整方式。而事实上，无论是刚性调整方式还是柔性调整方式都是无法彻底有效地解决社会问题，这就需要把两种调整方式有机结合起来，相辅相成。

对于一个国家、一个社会的有效治理来说，法律和道德犹如车之两轮、鸟之双翼一样，不可偏废、缺一不可。我们不得不承认，无论是道德还是法律，在功能上都是有其各自缺陷的，它们都不是万能的，在调整空间上都有空缺之处。当法失效的时候，道德会派上用场；反过来也是一样，当道德失灵的时候，法律的不可替代作用就凸显出来了。但是，法律并不能全然代替道德，许多事情难以通过法律来化解，只能靠道德来调节和约束。道德也不能全然取代法，面对很多复杂严峻的社会问题，以自律为主的道德调整方式明显是乏力的，只有二者有机结合和互济，社会问题才能得到标本兼治，社会控制的既定目标才能逐步实现。

（三）道德与法律的共性使德法互济成为可能

法律与道德虽然属于两种不同的调整社会关系方式，但经过立法，基本道德准则已经确定，等于已经确立了一个法定的基本道德标准，这一标准就应该作为评价一个事件和一种行为的唯一标准。我们可以说这样的标准既是道德标准，又是法律标准，这就是说道德标准已经融入了法律中，变成了法律标准，它成为执法、司法的评价尺度。之所以如此，除了考察法律的发展历史认识到法律是基于道德发展起来的之外，法律与道德的重合性也是重要原因。虽然法律和道德是规律性的或观念性的，直接或者间接地作用于人的行为，但它们之间无疑具有一种重合性。这种重合性表现在：首先从规范内容来看，法和道德在外在方面是一种社会规范，它们各自通过自己不同的方式作用于人的行为，都有指引、评价和教育功能，因而也都具有规范属性和功能。在内在调整对象上，两者所调整的对象在内容上常常呈现出交叉重合的关系。法律所调整的社会关系，往往也是道德调整的对象。像那些极端背离道德的举动，一方面会受到道德的谴责，另一方面也一定会受到法律的惩戒。如若不然，这样的法律就只能称为恶法。例如，禁止伤害他人、诚实信用、公平交易兼具法律和道德的双重要求。法与道德之间就是这样相互渗透，二者具有高度的重合性，这使得二者的有机结合成为可能。此外，从执法和司法来看，法与道德在各自发挥作用的过程中，通常情况下呈现出互为表里的状况。执法和司法的社会评价标准表面上看是单一的、法律的，但其实却是道德性的，执法和司法过程恰恰是法与道德重合性和有机结合的典型例证。在执法和司法过程中，执法人员和司法人员往往是在忠诚地执行法律要求，严格按照法律评价标准评判行为。法律评价是以成文的法律规范作为评价标准，运用三段论的基本逻辑来对人们的行为事件作出法律意义上的判定，是将评价标准和评价结果统一起来的严密的评价机制。而道德评价则是按照一种深植于评判者内心的基本道德观念作为评价标准，对行为事件的正义与否、合理与否等等诸方面的综合考量。这两种评价标准都关注正义，因此二者是形与神的表里关系。此外，由于法律语言的有限性，法要从法条中的文字中走到现实生活，必须经由人的主观内心世界，不论执法和司法人员多么秉公无私，其法律评价本身一定会打上道德评价标准的烙印。这些就给我们呈现出这样一种情况：评价所采用的标准虽然是法律性的，但是其实质却是道德性的。二者形神统一于一体，既具有重合性，又有机地结合在一起。①

第二节　德法互济的逻辑基础：正义

如前所述，法律与道德到底是相互完全区分，还是二者交叉重合，甚至难以区分，学者们有不同的观点。这种不同也许是不同的视角和

---

① 闫璞：《从法局限性的三个维度看道德与法律的有机结合》，硕士学位论文，青岛科技大学，2012 年。

不同的语境下的产物。法律与道德既有区别，又有联系，这种联系是二者的共性所决定的。德法互济的原因就出自二者的区别和共性存在，这种共性导致法律与道德的可统一性，而正义是德法互济的逻辑基础。

一　正义——一种最低限度的道德

法律和道德在应当的价值追求上是统一的，不过其中仍然有一定的差别，这种差别体现在应当的程度不同，有不少学者在相关的论述中有所体现。如我国台湾学者施启扬认为：法律规范人类社会生活的外部行为，而道德有更崇高的理想；法律秩序只是全部道德秩序中的一部分，道德秩序的理想较为远大；道德的要求较高，常常不是一般人做得到的，而法律则以"中等人"的标准为依据。道德理想无法完全为法律所接受，法律只有降低标准与道德有所区别。① 刘作翔也提出了类似的观点，他认为："只能说法律是一个社会最基本的道德要求，它在道德曲线上取的是一个中线、中值，也可以说是一个中庸的标准，它是维持一个社会生活正常运转的道德准则，它照顾和反映了普通社会成员的基本道德要求。"②

其实，德国法学家耶里内克早在 1878 年就提出了"法律是最低限度的伦理"的观点，显示出法律和道德在应当层面上有重合之处，也有不同之处。他认为，法律领域是道德领域的一个部分，是社会秩序不可或缺的那部分内容。超出法律领域的那部分道德内容，虽然是值得追求的，但并非不可或缺的，所以耶里内克称之为"一种伦理性奢华"。③

---

① 施启扬：《法律与道德》，《法学论集》（中华学术与现代化丛书第 9 册），中国文化大学出版部 1983 年版，第 98 页。

② 刘作翔：《法律与道德：中国法治进程中的难解之题：对法律与道德关系的再追问和再思考》，《法制与社会发展》1998 年第 1 期。

③ ［美］庞德：《法律与道德》，陈林林译，中国政法大学出版社 2003 年版，第147—148 页。

作为道德领域内最低限度的或最基本的那一部分可以称之为正义。首先可以从正义一词在历史上的运用来认识这一概念。正义是法学、伦理学、政治学中运用频率非常高的关键词汇，从古希腊开始，正义的概念在西方得到十分广泛的探讨。古希腊语中，正义一词最初是从"置于直线上的东西"这个意义中引申而来，意为对正直的道路的指示。正义有时也译"正义""公平"。古希腊哲学家十分重视"正义"概念所表达的哲学、伦理学以及政治学意义，从柏拉图著名的《理想国》开始，"正义"在各种著述中的探讨就绵延不绝。

在柏拉图那里，正义被区分为城邦的正义和个人的正义，二者从根本上说是同一种正义，因为城邦也被视为像人一样的有机体，如果说在人的灵魂中，理智、激情、欲望能协调一致，秩序井然，实现智慧、勇敢、节制等美德，那么就实现了个人的正义。而城邦像人一样，其内的护国者、军人和农民、工匠如果能够协调一致，各司其责，实现哲学家的统治，就能够实现智慧、勇敢、节制、正义等美德，因而实现城邦正义。①

柏拉图并不试图用语言给出一个抽象的"正义"定义，而把正义视为机体内各部分协调一致的结果。而亚里士多德则对正义的现象进行了分类和描述，他把正义分为总体的正义、具体的正义、分配的正义、矫正的正义、回报的正义、政治的正义、自然的正义、约定的正义。亚里士多德认为："正义的也就是守法的和平等的，不正义的也就是违法的和不平等的。"② 不正义的人就是在好的事物上取得过多，而坏的东西上取得较少。可见，亚里士多德认为不正义的人就是那些过度利己的人，其行为过度利己，即违反了正义，因而也是违法的。亚

---

① ［古希腊］柏拉图：《理想国》，郭斌和、张竹明译，商务印书馆 2002 年版，156—176 页。

② ［古希腊］亚里士多德：《尼各马可伦理学》，廖申白译注，商务印书馆 2003 年版，第 129 页。

里士多德还认为，守法就是正义，守法的正义是总体的德性，是对另一个人关系上的总体的德性。"正义最完全，因为它是交往行为上的总体的德性。它是完全的，因为具有正义德性的人不仅能对他自身运用其德性，而且还能对邻人运用其德性。"①

在古罗马，"正义"一词是拉丁语"justitia"由"jus"演化而来。"jus"是个多义词，有正义、公平、正直、法、权利等多种含义。《查士丁尼皇帝钦定法学阶梯》中对正义有如下定义："正义是给予每个人他应得的部分的这种坚定而恒久的愿望。"② 而"法学是关于人和神的事物的知识，是关于正义和非正义的科学。"③

近现代以来，人们探讨正义的兴趣并未衰减，人们不断地在各种著作中反复地探讨"正义"概念，并由此形成了不同的学说、学派，什么是"正义"这一问题并没有变得日益清晰，反而变得日益含糊不清，以致博登海默发出这样的感叹："正义有着一张普洛透斯似的脸，变幻无常、随时可呈不同形状并具有极不相同的面貌。"④ 虽然正义是什么的具体回答没有标准答案，但大体上正义可分为作为个人德性的正义和作为制度设计的正义两种。

制度设计的正义是从个人德性的正义那里延伸而来的概念。因此，认识正义概念首先应从如何处理人与人之间关系的德性上来着手。而处理人与人之间关系的基本准则就是正义——一种不偏不倚的中庸德性。这里，笔者更主要的是从亚里士多德对正义概念的界定出发，首先把正义界定为个人的德性，这种德性不包括自我牺牲、无私奉献等更为崇高的德性，而仅指在自私和无私之间保持的一个平衡，即亚里

---

① ［古希腊］亚里士多德：《尼各马可伦理学》，廖申白译注，商务印书馆2003年版，第130页。

② ［古罗马］查士丁尼：《法学总论》，商务印书馆1989年版，第5页。

③ 同上。

④ ［美］博登海默：《法理学：法律哲学与法律方法》，中国政法大学出版社1999年版，第252页。

士多德所称的在两种极端之间的适度。这两种极端就是卑劣和高尚，在卑劣和高尚之间的适度就是正义。

从思想和行为的道德性上看，利他的因素越多，其道德性越强，思想和行为就越高尚。而如果思想和行为中利己的因素越多，则不道德性，或恶性越强，思想和行为就越卑鄙。在利他和利己之间有一个中点，这个中点就可以被称为是最低限度的道德，或最基本的道德。这个中点也可以用"正义"来进行表达。法律不会要求人人都是毫不利己的高尚人士，但也绝对禁止只利己而毫不利他的人，因为这种只考虑自己利益的行为必然会损害到他人，从而危害社会秩序。因此，法律只能要求正义，这种正义是作为人的最基本的道德要求，即在利己和利他之间保持平衡，在利己的时候，也必须要考虑他人，不能损害他人以利自己。

正义构成了道德的起点，从正义的行为（利他利己的平衡）到纯粹的利他都属于道德行为，但正义只是道德的最低要求。正义也构成利己的起点，不过正义只是合理利己，和损人利己有极大的差别。

由于法律是在处理人与人之间的关系中产生出来的，其目的是在利益关系上达到平衡，以解决利益冲突。因此，正义必然是法律的基础，超越了正义的纯粹利他行为在道德上是值得鼓励的，但在法律上并不能作为法律的义务来要求。

法律权利和义务的对等性亦说明了法律的道德基础是正义，一个人要享有权利，必须要履行义务。只享有权利，不履行义务的人，是利己的人，也是不正义的人；而只履行义务，而丝毫不考虑自己权利的人，是利他的高尚的人。前一种人，法律禁止；后一种人法律不做要求。法律需要实现正义，也需要惩罚不正义。因此正义也构成了德法互济的基本出发点。

二　正义是德法互济的基本出发点

正义是德法互济的基本出发点的原因在于：只有正义才能构成法

律和道德在内容上的契合点。法律和道德在功能上有很大的区别，法律所面对的是社会，担负着调整社会秩序的功能。道德所面对的既有个人的德性修养问题，也担负了处理个人、他人以及社会的伦理关系问题。由于道德担负了个人德性修养甚至生命意义的追求等功能，它必然是首先体现于思想领域内的活动，而这部分活动，法律是没有必要介入的，也无法介入。法律只能够在处理人与人之间关系的外部领域和道德产生出结合点，而人与人之间关系领域的基本价值准则就是正义。

如果站在中间人的角度处理这种纷争，只有靠正义才能处理。即使全社会的人都是利他主义者，正义的德性也是必不可少的，唯有正义才能超脱于双方当事人的立场，给出一个双方都较能满意的结果。利他主义者往往能够接受正义的，他们所极力避免的只是为他人带来危害，而正义既没有危害别人，也没有危害自己，因此是他们完全能够接受的结果，而利己主义者往往难以愉快地接受正义的结果，他们一心思考的是自己的利益。因此正义是道德的起点，却远远不能构成道德的全部。

利他主义在德性修养上的价值在于它能有力地克制个体的私心，从而根本上杜绝损害他人的意识和行为。但是利他主义的道德却难以成为法律，因为利他主义是从个人立场看问题，而法律是从超越个人的社会立场来认识问题，调停社会纠纷，因此必须在利己和利他之间寻求中间点，以正义作为法律的价值基础，处理社会纠纷。因此，毫不奇怪，在古希腊和古罗马，法和正义这两个概念通常用同一词汇表达。

在道德法律化的过程中，立法者从来都是不自觉地选择了作为正义的道德来实现道德法律化。因为只有正义才能被大多数人的行为准则所接受，只有正义才能成为法院裁判的准则。当下在中国有一些学者质疑道德的法律化，其实他们所否定的只是利他主义的道德向法律的转化，正义作为法律的最基础的价值是谁都无法否定的。任何道德问题在转化为法律的时候都需要考虑是否正义，不过这个问题在公法和私法中的体现有所不同。私法所调整的是私人之间的关系，正义可以理解为私人之间利益的平衡点。而在公法中，法律关系是国家和个人的关系，那么正义就是在国家和个人之间达成平衡，比如目前讨论最多的见死不救是否可以立法进行惩治这个问题，实质就是公民是否具有见到他人危难予以救助的法律义务，这个法律义务是否成立则需要公民从国家那里获得相关的权利，使这种自我利益的损害能够得到弥补，这样才能达成正义。因此这种义务的成立首先要通过立法对于见义勇为者进行法律上的奖励和补偿，才能要求见义勇为者救助他人的法律义务。至于冒自我牺牲的危险救助他人只能算是道德义务，而不能做出法律上的要求，因为冒生命牺牲危险救助他人的做法是纯粹利他主义的高尚道德。

正义转化为法律，是实现法律的正义价值的需要。通过这种道德的法律化，法律具备了正当性，也就能够顺利地实现法律调整社会秩序的功能，法律秩序也就摆脱了自身单纯的强制色彩，被社会接受，从而实现社会秩序。

法律的正义要实现，必须要通过守法的正义来实现。苏格拉底曾提出"守法即正义"的主张，① 守法的正义是独立于法律内容的另一种正义，法律的正义必须要通过守法的正义才能最终实现。首先，守法的正义是一种正义，不守法者是对守法者的不正义。在一个平等的互利合作的社会里，任何人都不应当从别人那里得到更多的利益，而损害了别人的利益。而在法律遵守中，也应当贯彻这一原则，当某些人自愿遵守法律，而某些人试图违背法律来获取利益时，那么将造成对遵守法律的人的不正义，因此全社会普遍地遵守法律，才是正义。其次，守法的正义是正义被实现的必要条件。对此，慈继伟的《正义的两面》一书可以给我们启发。他指出，"我们不难观察到如下现象：

①　［古希腊］色诺芬：《回忆苏格拉底》，吴永泉译，商务印书馆1986年版，第166页。

如果社会上一部分人的非正义行为没有受到有效的制止或制裁，其他本来具有正义愿望的人就会在不同程度上效仿这种行为，乃至造成非正义行为的泛滥。我们不妨称之为'非正义局面的易循环性'或'正义局面的脆弱性'。这一现象独立于正义规范的具体内容：不论一个社会具有什么样的正义规范，这一现象都可能发生"。① 因此，他认识到正义有两个相反相成的侧面：虽然作为道德律令，正义是无条件的，但作为利益交换的规则，正义是有条件的。从这个意义上讲，法律正义要实现，必须以守法的正义为条件，不然正义局面的脆弱性将会出现，因为一个人的不守法行为将会造成他人的效仿，而造成法律正义无法实现。

正义是一种最低限度的道德，只有首先实现这种最低限度的道德，才有可能实现更高层度的道德。通过守法的正义——这种最低层度的道德践履作为道德底线，公民可以进一步追求更高的道德目标。因此，道德秩序的形成必然要以守法的道德践履作为基础，直至法律的强制力存而不用，最终道德的调控成为国家治理的主要手段。

只有实现了正义这种最低限度的道德，利他主义的道德的实现才有了根本的保障，人与人之间的真正的关心、帮助和无私的奉献才能没有后顾之忧。因为，利他主义者不致因此受到不正义的对待，导致利益反被无端侵害。

德法互济把知法和行法、知德和行德合为一体的过程，也是公民提升道德意识和法律意识，从道德角度来自觉履行法律义务的过程。在这个过程中，法律正义和守法正义便是他们道德行为的底线。如果能够充分地实现这个底线，道德秩序便是可以期待的。②

---

① 慈继伟：《正义的两面》，生活·读书·新知三联书店 2001 年版，第 1 页。

② 郭忠：《法律秩序和道德秩序的相互转化——道德的法律化和法律的道德化问题研究》，中国政法大学出版社 2012 年版，第 223—233 页。

第三节　道德与法律：实质正义与形式正义

正义是任何时代人类必不可少的追求，也是任何一个社会的基本伦理理念，它一般是通过法律与道德对人们行为的规范来实现的。一般认为正义至少包括以下两个含义，即相同情况相同对待和不同情况区别对待。然而，在确定情况下，人们将之判断为相同情况还是不同情况的标准可能是不一样的。正如著名的法学家哈特所说："正义观念的结构是相当复杂的。我们可以说它由两部分组成：一是一致的或不变的特征，概括在'同类情况同样对待'的箴言中；二是流动的或可变的标准，就任何既定的目标来说，它们是在确定有关情况是相同或不同时所使用的标准。"① 就是对确定某一情况到底是相同情况或不同情况时，作为实现正义的重要途径的法律与道德表现出了各自不同的侧重点。法律一般更容易将其归结为相同情况从而实现形式上的正义，而道德却侧重于将其归结为不同情况应该做出区别于法律规则的价值判断，从而实现实质上的正义。由此，道德主要体现了正义的实质方面，法律则主要体现了正义的形式方面。所以，尽管当正义具体化为法律与道德之后，道德与法律就各有了自己相对的独立性，具有了自己的特征和调整范围，但两者仍有着密切的联系。因为，实质正义与形式正义毕竟是社会正义的两个方面，所以，道德和法律都以实现社会正义为目的。正如博登海默所言，"法律与道德代表着不同的规范性命令，其控制范围在部分上是重叠的。道德中有些领域是位于法律管辖范围之外的，而法律中也有些部门几乎是不受道德判断影响的。但是，存在着一个具有实质性的法律规范制度，其目的是保证和加强对

---

① ［英］哈特：《法律的概念》，张文显等译，中国大百科全书出版社 1996 年版，第 158 页。

道德规则的遵守，而这些道德规则乃是一个社会的健全所必不可少的"。①

一   实质正义与道德

（一）实质正义的含义

美国法学家富勒从法律的外在道德方面提出与实质正义相近的概念。富勒认为，与法律的内在道德即程序性道德相对，法的外在道德（external morality）就是实体自然法（substantive natural law），即法律所追求的实体目标——在人类中"展开、保持和防护……交往渠道的完整性"。罗尔斯在提出形式正义即法治的同时，明确提出了"实质正义"的概念，而且以主要的精力和大量的篇幅论述了实质正义的具体内容，认为它本质上是一个社会的结构问题，是一个社会合理分配权利和义务的基本原则，并提出和论述了著名的正义二原则，认为实质正义就是社会制度，特别是法律制度本身的正义。他认为："凡发现有形式的正义……一般也能发现实质的正义。正义一致地遵循规范的愿望、类似情况类似处理的愿望、接受公开规范的运用所产生的推理的愿望，本质上是与承认他人的权利和自由、公平的分享社会合作的利益和分担任务的愿望有联系的。有前一种愿望，就会倾向于后一种愿望。"由此可见，罗尔斯认为，实质正义就是法律制度自身的正义，而这种正义要求尊重社会中每个人的权利与自由，公平地分配权利与义务，它具体体现为正义二原则。昂格尔在《现代社会中的法律》一书中也对实质正义概念作了许多论述。他认为福利国家政策所追求的是实质正义和程序正义。② 实质正义与形式正义的区别表现在法律推理

---

① ［美］博登海默：《法理学：法律哲学与法律方法》，邓正来译，中国政法大学出版社 1999 年版，第 379 页。

② ［美］昂格尔：《现代社会中的法律》，吴玉章、周汉华译，中国政法大学出版社 1994 年版，第 181—182 页。

中，"当仅仅乞灵于规则，并从规则推导出结论被认为足以进行每一个机械性的法律选择时，法律推理就是形式主义的。那么，当如何适用规则的决定依赖于如何才能最有效地促进规则所要达到的目的时，这种推理就是目的性的"。"当把一致地适用普遍的规则看作是正义的基石时或当确认有效性被认为是独立于相互冲突的价值观的选择原则时，这种正义理想就是形式的。当被用来进行社会利益分配和交换的程序合法性强加限制时，这种理想就是秩序的。当它支配着分配性决定或交易的实际结果时，这种理想就是实质的。"①

结合学者们的研究，笔者认为，与形式正义所追求的机会平等或形式平等相反，实质正义的含义更多体现了人们对结果平等或事实上的平等的要求。由于人们的起点是不可能平等的，所以仅仅具有形式上的平等是不够的，因为形式平等并不能保证人们拥有相同的具体权利的自由。比如说，由于自然或社会的原因，有些人轻而易举就可以获得别墅、汽车或其他高级享受，而有些人虽竭尽全力，拼命努力却也只能维持最基本的生活条件。这种事实上的不平等也使人们产生对形式正义之外的实质正义的期待。显然，与侧重于"相同情况同样对待"的普遍性要求相反，实质正义更侧重于针对人们所处的不同的情况的事实，要求不同的对待。因此，正如昂格尔所言："不管实质正义如何定义，它只能通过具体问题具体处理的方法才能实现。"②

（二）道德之实质性

作为与特定社会要求相一致的精神形态伦理正义，一方面要通过体现形式的法律来实现，另一方面也要通过体现实质内容的道德来表达。当特定社会的伦理表现为道德要求时，会体现出与法律的形式性不同的特征。具体说来，道德之实质正义主要包括以下几个方面。

---

① ［美］昂格尔：《现代社会中的法律》，吴玉章、周汉华译，中国政法大学出版社 1994 年版，第 181—182 页。

② 同上书，第 182 页。

第一，道德规范的原则性。与法律规范的具体明确性相比，道德规范常常并不具有明确的要求，特别是对那些进取性道德或"愿望性道德"来说，更是如此。比如说，人应该仁慈、善良，那么怎样才是仁慈的、善良的呢？面对灾难，捐款2000元还是20000元？道德规范对此没有明确的规定，也不可能明确规定。即使对社会秩序所必需的规范性道德或义务性道德来说，有时也很难认定如何行为才是道德的。比如说，人应该正直、诚信、不伤害别人等，那到底什么样的行为才是正直的、诚信的或者伤害别人的呢？道德规范当中并没有很明确的要求。当朋友、亲人的利益与他人的利益产生矛盾时，怎样处理才是合适的？在复杂的情形中光靠道德规范，人们有时很难把握。

第二，道德标准的主观性。正义是特定社会伦理的最基本要求，但就社会基本制度而言，应该按照什么样的标准来分配社会资源和社会财富才是正义的？处于社会不同地位的人们对这一问题肯定会有不同的回答。按劳分配被认为是比较合理的，但什么样的劳动是有价值的？或许每个人都认为自己的劳动是有价值的，都应该分配到更多的资源与财富，因为每个人对自己的辛苦有更切身的感受与体会。人们一般认为，劳动的价值可以通过市场供求关系来衡量，但事实上，也并不是所有的劳动都可以按照市场经济的规则来衡量的。因为从整个社会的进步和人类自身的发展来看，有些劳动也并不能带来直接的经济发展，但这并不意味着这是没有价值的。

第三，道德评判的结果性与事实性。因为体现为正义的伦理本来是着眼于整个社会的秩序与和谐的，但其实现必然要通过社会个体的行为来实现，所以，一旦伦理要求转换成公民个体的道德要求时，由于道德规范缺乏相对明晰、确定与客观的内容，从而使得道德标准呈现出较强的主观性与个人性的特点。这种主观性与个人性会导致人们往往从结果与事实上进行道德评价。这就是说，人们对导致良好的结果的行为或事实上平等的行为和制度往往会认为是道德的，应该肯定和鼓励的；反之，则是应该得到处罚和制裁的。比如说，殴打小偷或让小偷游街会使小偷不敢偷盗、打死恶棍保证了社会秩序的安宁等行为应该受到鼓励和表扬；相反，若法院根据严格的程序规则导致了没有证据证明或证据不足以证明的恶行得不到处罚时，就会认为法律、法院是不正义的。

第四，道德行为的动机性。道德对人们行为的规范更强调人们从内心信念上控制自己的行为，认为只有这样才是根本上的、实质上的道德的行为，而不是希望人们仅仅从表面上、形式上控制自己的行为。就是说，对人们行为进行道德评价时除了外在方面是考虑的因素之外，行为的动机往往更加重要。虽然康德的道德评价的"唯动机论"常常因为人们心理活动的动机有时无法进行准确的判断而遭到怀疑，但道德评价上的"唯功利论"更是遭到谴责，更何况人们的动机即使一时无法看出，也会由其多个行为所表现出来的一贯性而予以断定。"好心办坏事"虽然可能受到法律的处罚，但在道德上人们却寄予同情与理解，甚至肯定；"歪打正着"的行为即使取得良好的效果，但却可能因为其动机不纯而受到人们的鄙视，哪怕是在现代功利性很强的社会，也是如此。

第五，道德要求的特殊性。与承担法律责任的普遍性相比，人们所承担的道德责任往往是特殊的，其特殊性是指某一事件或某一行为对大多数人或一般人都不会造成伤害，但却因为某个人的特殊性而造成了对人们的实际上的伤害。这时，某一事件或行为与实际的损害结果之间没有必然的因果关系，但却可能有直接的因果关系。

（三）道德实质正义的标准

道德实质正义的标准是指具有实质性的道德符合什么样的要求才是正义的，由此，我们也可以称之为"实质性道德之正义标准"。由于道德的主观性特征使得人们具有不同的道德观念，那么，我们该如何评判一种道德规范或道德观念是否符合特定社会伦理的、是正义的呢？道德之实质正义标准包括两个方面：一是社会基本结构的制度本身的合理；二是符合人类社会生活和人类文明进步的，基于人性的对"类"

的关怀的情感。而在这两者当中，前者处于基础和前提之地位。因为只有人们基本认同社会的基本结构和制度本身，才会对作为同类的普通他人产生仁慈、同情和关爱，才能诚实、友善地对待别人。正因为此，人们对实质正义的标准的研究也常常在于第一个方面。

在中国传统社会，人们曾以儒家学说所要求的"三纲五常"为道德的标准，但自清末以来，人们受西方思想的影响越来越大，特别是改革开放以来，西方思想和价值观念以其特有的理性与科学征服了中国大部分学人，而中国传统思想显然已经不能适应中国当前的经济和社会发展的要求，于是，西方的自由、平等、效率观念也成为中国学人的梦想。追寻西方的足迹，人们发现，当代西方哲学承继传统哲学的思维方式和方法论，通过自然状态、"无知之幕""理性人"等假设，提出了以下几种实质正义的标准。

一是自由。这是自由主义的主张，认为个人有支配自己的意志和行动的绝对自由，个人在行使自己自由的时候，不得侵犯他人所具有的相同的自由。英国哲学家和社会学家赫伯特·斯宾塞也认为正义就是以自由观念为核心并由两种要素构成的。正义的利己要素要求每个人从其本性与能力中获取最大的利益；正义的利他要素则要求人们意识到，具有相同要求的他人必然会对行使自由设定限制。

二是平等。平等一直是人类追求的目标。有人认为人类追求平等在相当程度上是为了满足心理上希望得到尊重的愿望，即认为自己应当同他人是平等的人在法律上得到了不平等的待遇时，他们就会觉得他们共同的人格和人性遭到了侵害。美国社会学家莱斯特·沃德相信，只有通过旨在使社会上下层阶级的所有成员在智力上实现平等的和详密的教育规划，才能实现真正正义的社会。

三是"作为公平的正义"。这是当代著名思想家罗尔斯的观点。这种标准将自由与平等结合起来了，表现为两个原则，即政治领域内平等的自由原则和经济分配领域中的平等原则（平等分配收入、财富和机会），后者又包括差别原则（最大限度地增加最少受惠者的利益）和机会均等原则。在这两个原则中，第一个原则优先于第二个原则。

四是效益。其主要代表人物是法律的经济分析学派的波斯纳。在他看来，在许多情况下，效益与正义常是一致的。"浪费就是一种不道德的行为。"而且正义本身还可以产生效益，像诚实、真实、节俭、可靠、考虑他人、慈善、和睦、勤劳、避免过失等道德准则指导下的相应行为是正义的，并且具有它们应有的经济价值。例如，诚实、守信和爱能降低交易成本。

如果说，以上关于道德之标准的论述还是哲学层面和抽象意义上的话，那么我们就可以将道德的实质正义之标准理解为每个人应该通过什么方式获得自己的财富和权利，同时又尊重他人通过相同的方式所获得的这些东西。[①]

二　形式正义与法律

作为人类行为规范的法律是通过形式上的正义来调节人与人之间关系的，尽管法律本身也有实质正义与形式正义之分，但就其与道德相比而言，其主要体现的就是形式上的正义。

（一）形式正义的含义

正如正义一样，形式正义本身也是一个多义词，具有多样的语义。不同的学者对其含义有不同的理解。其中有代表性的观点主要有：罗尔斯的与社会正义相对应的形式正义、佩雷尔曼的与具体正义相对应的抽象形式正义及戈尔丁的程序正义（或诉讼正义）意义上的形式正义。

罗尔斯的形式正义概念就是指法治，即公共规则的正规的和正义的执行。因而，他认为形式正义又可称为"作为规则性的正义"。而法律上的形式正义，包括下列含义："应当的行为意味着可能的行为"，

---

① 陈秀萍：《变革时期法律与道德的冲突问题研究：兼论法律的伦理性》，中国方正出版社 2008 年版，第 127—133 页。

即立法不能提出一种不可能做到的义务，并且那些制定法律和给出命令的人是真诚地这样做的；"类似案件类似处理"；"法无明文不为罪"；一些规定自然正义观的准则，它们是用来保护司法诉讼的正直性的指针。①

佩雷尔曼的形式正义概念是指"对每个人同样地对待"，所有被考虑到的人必须受到同样的对待，而不管他们是长者或晚辈，健康或虚弱，富裕或贫困，正直或可耻，有罪或清白，高贵或卑贱，白肤或黑肤。由此，他所谓的形式正义是指抽象正义，它既没有具体规定任何"基本范畴"，也没有告诉什么时候两个人属于同一基本范畴以及他们应当受到什么待遇。戈尔丁的形式正义是指程序正义，特别是诉讼正义。他认为，历史上最早的正义要求就体现为一种程序上的正义。尽管程序正义似乎是一种次要的正义，"但是我们应当把公平程序的标准区别于我们据以解释标准的正义理想"。②

由此，我国学者孙笑侠先生提出了法的形式正义的三种形态。第一，与社会正义相对应的形式正义，我们称之为法律正义或制度正义，实际上就是法治；第二，与具体正义或特殊正义相对应的形式正义，或可称之为抽象正义；第三，在法律体系中，与实体正义相对应的形式正义，即程序正义或诉讼正义。③

一般认为，形式正义是与实质正义相对而言的。关于形式正义对于我国法治建设之意义，学界已有共识，许多人就像罗尔斯一样将法治与形式正义等同，认为法律的形式化的追求是法治现代化的重要标准。尽管如此，人们对形式正义并没有统一的概念。笔者认为，形式

---

① ［美］罗尔斯：《正义论》，何怀宏译，中国社会科学出版社 1988 年版，第226—228 页。

② ［美］戈尔丁：《法律哲学》，齐海滨译，生活·读书·新知三联书店 1987 年版，第 235 页。

③ 孙笑侠：《法的形式正义与实质正义》，《浙江大学学报》1999 年第 5 期。

正义的含义离不开对正义的含义的理解，而正义的最核心的含义是平等，平等一般又包含两个方面的内容：同等情况同等对待；不同情况区别对待。而形式正义更强调的是同等情况同等对待。所以，形式正义首先关心的是，每个个体所具有的相同情况是什么，而这些相同的情况有没有得到共同的对待，这样形式正义主要是舍去每个个体具体情况的普遍的、抽象的平等，而不是事实上的平等；它所给予人们的是机会的平等，而不是结果的平等。这样，人们似乎觉得形式正义不是真正的平等，但是它体现了对人的主体性的尊重，对每个个体的价值、尊严和能力的尊重，一般而言，大部分人的聪明和才智是差不多的，但若撇开其家庭背景和外在的因素，人与人之间的事实上的不平等一般都是由性格，特别是价值观念的因素所导致的。正因为此，我们可以说，事实上的不平等从一定程度上体现了人们的价值观念和价值追求的不同。形式正义对事实上的不平等的认可也是对人们的价值的尊重。当然，在这里我们并不否认特定时期、特定社会的价值导向未必符合人类不断文明、进步和完善的方向，我们更不能否认特定社会的人们因为利益的原因所导致的不公平竞争的存在。①

（二）法律的形式化

法律的形式化已经被学界认为是现代法律的重要特征，是法治现代化的重要评价尺度。法律的形式化首先是法律规则具有一定的逻辑结构和体系化特征，但正如公丕祥先生所言，"法律的形式化并不是指法律的外部形式主义，如果这样理解，那就太片面了，太肤浅了"。②实际上，就本质性的一般意义而言，法律的形式化意味着法律适用过程中的法律权威性、至上性的实现，意味着从立法至司法的每一个法

---

① 陈秀萍：《变革时期法律与道德的冲突问题研究：兼论法律的伦理性》，中国方正出版社 2008 年版，第 119—121 页。

② 公丕祥：《法制现代化的理论逻辑》，中国政法大学出版社 1999 年版，第 78 页。

律实践环节都必须遵循法定的程序，意味着将国家权力纳入法律设定的轨道并且不同机关的权力均由法律加以明文规定。韦伯曾指出，法律是"形式的"，是指在实体和程序两个方面只有具有确凿的一般性质的事实才被加以考虑。这种形式主义又可分为两种：第一，具有像感觉资料那样能被感知到的有形性，才可能是法律与之有关事物的特征。这种坚持事实外部特征的做法，譬如用特定词语表达，在文件上签署姓名，表示固定意义的特殊象征性行为，都体现了极其严格的法律形式主义。第二，形式主义法律表现为通过从逻辑上分析意义来揭示与法律相关事实的特征，以及被明确界定的法律概念是以高度抽象的法规形式构成的和应用的。[①] 具体说来，现代法律之形式化至少包括以下几个方面的内容。

第一，法律规则上的具体明确的客观性和平等对待的抽象性。与道德相比，法律是通过具体明确的规则的设定来规范人们的行为。人们通过这些具体明确的规定约束、控制自己的行为，计算自己的利益得失，安排自己的未来生活。法律规则的这些确定性与客观性使人们的行为和利益可以事先进行计算和预期。除此之外，法律规则的规定都是具有普遍意义的，它规定人们平等地享有各种权利，但却难以消除人们享有权利时的事实上的不平等。比如说，根据法律规定每个人都有选举权或被选举权，都有购买普通住房或别墅的自由和权利，但却因为人们自然天赋、经济能力和社会背景等方面的差别，使得有些人只能享有形式上的自由和权利，而不可能真正享有当选为国家机关的领导人或拥有豪华别墅等事实上的平等。

第二，法律适用上，适用主体的专门性、中立性，适用对象的普遍性。与道德不同，适用法律的主体是特定的，即使某个人的行为已经违反了法律的规定，但是，必须经过特定的机关才能加以确认。比

---

① ［德］马克斯·韦伯：《经济与社会》（下），林荣远译，商务印书馆1997年版，第18页。

如说，虽然某人已经明确无误地犯了故意杀人罪，情节恶劣，该判死刑，但国家专门机关外的他人并不能对他执行死刑，尽管让被害人或其家属对他执行死刑更能满足被害人或其家属的情感或心理需求，但只有经过法庭审判程序行为者才能被确认为罪犯，也只能由专门的机关才能实施处罚。诉讼程序中，复杂具体的社会生活中的当事人都是被简化成原告、被告，具有复杂关系的法院也被认为是严格遵守规则的中立的裁判者。

第三，法律推理上的严密的逻辑性。法律的形式性还体现在法官在进行法律推理的过程中，严格遵守法律的规定。也就是说，法律程序一旦启动，就具有了相对的独立性和自身的逻辑性，在这一过程中法官只关心对社会生活事实进行过专业加工的法律事实与法律条文，而对与法律无关的具体生活事实或者凄美的故事都排除在外。就是说，拥有专业知识并经过专门训练的法官根据法律事实与法律条文运用严密的逻辑进行法律推理，从而得出最终的裁判结果。

第四，法律运作上的严格程序性。程序性是法律区别于其他社会现象（包括道德）的重要特征，法律就是在其运作的程序中不断被人们认识和理解。程序并不仅仅是可有可无的形式，相反，对结果的形成往往具有决定性意义。法律上的程序性意味着有时即使一种"应该的"判决结果是显而易见地正确的，但程序上的瑕疵足以导致另一个与"应该的"判决完全相反的结果。

第五，法律规范体系的和谐统一。只有一个国家的法律规范体系是一个结构严谨、层次分明、内在联系紧密的有机整体，才能使人们能够对自己的行为有相对准确的预期。当然，法律的体系化在法律思想成熟阶段上出现的现象，一种特殊的法律思想模式，它反映了构成它的基础的社会关系的结构性，也表明构成法律规范体系的各个要素之间的相互联系及其内部的和谐一致性。

现代法治的最直接和最基本的含义都是与法律形式化相关联的。是否以形式合理性的法律或程序化的制度安排来作为法律运行的基本原则，这构成了法治与人治的根本区别。无论是作为统治阶级意志的法律，还是体现特定社会的基本伦理的法律，其所包含的本质内容要得以现实化，就必须外化为逻辑形式上严格明确的具体规则。在大多数情况下，这种规范需要借助于逻辑分析的手段加以展开，通过具体的解释技术，以适用于个别案件。法律规范的逻辑意义上的严格性、确定性，是法律理性化的体现，为社会个体的行为和政府行为提出了明确的要求。因为，形式化的法律有助于人们对行为规范的理解，克服道德、宗教或其他行为规范要求的模糊性和不确定性，从而保证国家法律的统一性与权威性。同时，最集中体现法律形式化的程序要求是排除恣意妄为的人治，消灭国家权力运作的不确定状态的重要途径。法治诞生于法律机构取得足够的权威以对政府权力的行使进行规范约束的时候。正是从这个意义上来说，法律的形式化是建立法律的统治的前提。没有形式化的法律就不可能形成现代意义上的法治。①

（三）法律形式正义的标准

与道德相比，法律是形式的，但法律可以有各种各样的形式。那么，法律具有什么样的形式可以说它是正义的呢？受罗尔斯《正义论》的纯粹的程序正义的概念的启发，撇开实质正义，假定在法律之外不存在结果是否正当的任何标准，这样，只要人们普遍遵守法律的规定，那么不管是得到一个什么结果，不管事实上是如何的不平等，但在形式上都是公平的，因为在法律规则面前，人人都是平等的。当然这里有一个前提就是法律必须是通过民主的程序制定的，都是经过同意的。在这种情况下，法律规则应该具备什么样的形式才是正义的，这是法律的形式正义的标准。

法律规则本身的正义，也可以称为法律的"内在正义"。对此许多法学家结合"法律的统治"而提出了与法律本身的形式要求相关的观

① 陈秀萍：《变革时期法律与道德的冲突问题研究：兼论法律的伦理性》，中国方正出版社 2008 年版，第 115—118 页。

点与主张。比如说，亚里士多德的两项法治要素①、戴雪的三项法治内涵②、韦德的四层法治含义、罗尔斯的四项法治准则③以及富勒关于法律"内在道德"的八项原则④等，都是与法律本身的内在的正义要求有关的一些标准。综合法学家们的观点，笔者认为法律的内在正义主要包括以下几个方面。

第一，法律的一般性或普遍性。就是说，法律不是针对特定的人的，而是对一般人都适用的。法律的一般性也就意味着同样的情况同样对待。当然这里的一般和特殊性都是相对的。虽然法律有时也规定某些法律行为的主体是特定的，但他还是指特定群体的人，所以，相对于这一特定群体而言，法律的这一规定也还是一般的。法律的一般性就意味着法律将每个人当作同等的"类"的个体来对待，这样每个具体的、特定的人都是抽象的"类"的一员，在形式上是拥有了平等权利、价值和尊严。同样情况同样对待还意味着政府及其工作人员在自己的权力领域之外与普通的个体成员具有相同的权利，不享有超越自己权力领域之外的特权。

第二，法律的公布。只有经过公布的法律，才能具有实际的约束力。法律只有经过公布，才能使人们有可能去了解它，从而在法律规定的范围内有计划、有目的地实施自己的行为。即使法律公布以后，只有很少的人去了解法律，但是只要有一个人想了解法律，就足以要求法律必须公布。这个人有权利了解，就意味着任何一个人都有权利

---

① ［古希腊］亚里士多德：《政治学》，吴寿彭译，商务印书馆1983年版，第199页。

② ［英］戴雪：《英宪精义》，雷宾南译，中国法制出版社2001年版，第232—244页。

③ ［美］罗尔斯：《正义论》，何怀宏译，中国社会科学出版社1988年版，第226—228页。

④ ［美］富勒：《法律的道德性》，郑戈译，商务印书馆2005年版，第40—111页。

去了解。公布了的法律就意味着受此法律约束的所有人都了解了这一法律，公布就是让所有人都了解法律的一种形式。即使事实上很多人没有去认真阅读了解，但那是公民自己的事，法律适用时也绝不会因为某些人事实上不了解这一法律而免除其所应承担的法律责任；但如果法律没有公布，却无论如何也不能对公民有任何约束力，不能让公民承担任何法律责任。

第三，法律的具体明确性。法律的具体明确性意味着人们从法律的规定中就能够准确地知道自己什么事情可以做，什么事情不可以做，并能够对自己的行为后果有确定的预期。首先，它要求法律对人们权利与义务的规定必须是明确而具体的。当然，如果法律确实无法规定得具体明确，也应该遵循"法不禁止即自由"的原则。其次，它要求法律不溯及既往，而是只适用于未来的。因为法律是以规则来治理人们的行为，如果人们对未来的法律不可能了解，当然也不可能以之来约束自己的行为。既然当时没有法律规则的约束，就不能对人们的行为附加法律规则之外的义务。这就是说，法律不溯及既往。最后，必须尽可能避免法律中的矛盾。如果法律中存在矛盾，就会使人们对自己的行为无所适从。

第四，法律不应要求不可能实现的事情。法律所规定的义务必须是每个公民必须做到的，而道德则会鼓励人们向更高尚、更仁慈的方向去努力，而并不要求每一个公民必须做到。任何一个理智健全的立法者不能要求人们去做超乎他的能力之外的事情，因为，如果法律规定了人们有做自己不可能做到的事情的义务，那么结果将是这样：或者强迫公民去做自己不可能做到的事，这必然违反了基本的人权；或者认可大部分人违反法律的行为，这显然不是真正有效的法律制度。①

---

① 陈秀萍：《变革时期法律与道德的冲突问题研究：兼论法律的伦理性》，中国方正出版社 2008 年版，第 121—124 页。

第四章 辩证分析——国家治理现代化中德法互济的现实困境

道德与法律的关系是中外思想史上一个重要理论问题。随着我国社会主义市场经济体制的不断深化发展、日益健全，建设社会主义法治国家，已成为国家治理现代化进程中我国的治国方略和国家治理的基本理念。但是，法治从来就不是万能的、孤立的，它需要社会多方面的力量来支持与参与，道德就是其中最重要的因素。习近平同志指出："法律是准绳，任何时候都必须遵循；道德是基石，任何时候都不可忽视。在新的历史条件下，我们要把依法治国基本方略、依法执政基本方式落实好，把法治中国建设好，必须坚持依法治国和以德治国相结合，使法治和德治在国家治理中相互补充、相互促进、相得益彰，推进国家治理体系和治理能力现代化。"这意味着，中国在实现国家治理现代化过程中走出了自己的道路，实现德法互济是当代中国国家治理模式的理性选择。法治和德治在国家治理中各自起着独特的、不可替代的作用。法治和德治两者具有相辅相成、功能互补的相济性和互补性，只有坚持德法互济，才能刚柔相济，获得最佳治理效果。当代我国德法互济这一命题需要社会道德实践和法律实践的经验总结，是一个理论性和实践性非常强的命题，虽然依法治国和以德治国相结合是我国的基本治国之道，但道德与法律在我国社会实践管理中还没有建立起相互作用、相互补充、相互支持的体系，正是在此意义上，我

们应该对国家治理现代化中德法互济的重要性、面临的困境及原因展
开系统翔实的分析。

第一节　德法互济：国家治理现代化的重要保障

在国家治理现代化的推进过程中，法治是治国方略的基础，德治
对法治起着不可替代的重要作用，二者必须紧密地结合起来，缺一不
可，只有坚持依法治国和以德治国相结合的原则，方能取长补短、更
好地发挥治理国家的作用。法律的权威源自人民的内心拥护和真诚信
仰，相对于法律规范而言，德治以其说服力和劝导力，靠提高社会成
员的思想认识和道德觉悟来调节社会成员的行为。如果法律违背了人
民伦理价值观念，那么它将无法获得人民群众的认同，其实施环节将
得不到人民群众的支持；德治的实现需要法治的规范和制约作用的发
挥，需要以法治体现道德理念、强化法律对道德建设的促进作用的发
挥。从法律规范和道德规范相互关系的角度看，以德治国本身就是对
法律规范的一种强化，是通过加强道德建设特别是加强道德教育的功
能，巩固法律的基础。坚持德法互济，并把其作为完善和发展中国特
色社会主义制度，推进国家治理体系和治理能力现代化必须坚持的重
要原则，对推进国家治理体系和治理能力现代化，实现中华民族伟大
复兴的中国梦，具有重要的理论意义和现实意义。

一　法治是德治的保障

法治与德治互补互动的主要表现是：法治是德治的保障，是德治
运行的硬环境；德治是法治的基础，是法治运行的软环境；二者相辅
相成，相互促进。从系统观点来看，在整个治国方略中，我们谈到法
治，就是以德治为基础的法治；谈到德治，就是以法治为保障的德治；
二者紧密结合，不可或缺。法治是德治的保障，以法治推进道德，是
我们时代所面临的伟大使命。法治对德治的保障与推进作用，首先体

现在为德治运行提供硬环境方面。道德建设靠教育，也离不开法治；健全的法制环境，可以为道德建设提供强有力的支持和保障。这种保障作用主要体现在两个方面：一是通过法治对社会环境的治理，为人们良好品德的形成和健康成长提供有益的空间；二是通过法治对行为的导向作用，引导人们避恶向善，由他律走向自律。市场经济条件下社会经济成分、组织形式、就业方式、利益关系和分配方式多样化的现实，使得人们思想的独立性、自由性和多样性日趋明显，人际关系也更为复杂，社会生活领域中道德失范、诚信缺失、拜金主义、以权谋私等消极腐败现象对人们的思想道德的健康发展造成不可忽视的负面影响。与此同时，一些传播淫秽、色情、凶杀、暴力、封建迷信和伪科学的文化垃圾，也在不时地污染、毒化着人们的生存空间。在这种情况下，法治的有力推进，可以起到净化社会环境，引导人们积极向上的作用。现代法治的这种不可替代的作用，是由它自身的性质决定的。法治内在的道德指向和形式正当性使它成为一种根本性的道德，即制度的道德。这种制度的道德对于个人的道德选择和道德生活来说，是一种预设的前提，具有支配和先决的意义。道德是自决的，但是个体对道德生活的选择往往是被一定的制度和社会生活"预先设计"的。制度还具有诱导性，正如邓小平所说："制度好可以使坏人无法任意横行，制度不好可以使好人无法充分做好事，甚至会走向反面。"① 可以说，道德领域的劝导、说服、教育可能激发人们的自省自律；调动各种社会资源推行道德要求，也可能收到一定的功效。但是，从根本上说，一个公平、合理的，充分尊重人的良心自由的制度和社会结构，才是在终极意义上诱发人们普遍向善的基因。而这种制度和社会结构，只有现代法治才能提供。其实，上述产生负面影响的各种现象的存在，是与转型期制度存在漏洞与不完善有关的。就拿信用缺失现象来说，在市场经济体制建立初期，诸如制假贩假、商业欺诈等失信行为的出

① 《邓小平文选》第2卷，人民出版社1987年版，第333页。

现，从根本上说，不能简单地归结为普遍性的道德沦丧，而主要是现有的制度存在缺陷，导致经济人发现选择失信行为有利可图。一旦这种损人利己行为得不到现有制度的惩罚或惩罚不够，就会发生劣币驱逐良币的效果，引发更多的人不讲信用。事实证明，只有努力创造适当的社会氛围和制度环境，建立和健全法制，并有效地运用法律武器对个人正当的自利行为加以支持和保护，对不正当逐利行为予以坚决否定和严厉打击，道德宣传和道德教化才能真正收到成效，才能在全社会形成合作博弈比不合作博弈更有利的普遍预期，人们才会对那些不道德和不正当的盈利行为形成自律和自我约束，诚实信用的良好道德风尚才能最终形成。

　　法治对德治的保障作用，还体现在道德的法律化方面。道德的法律化是指在立法上把道德原则、道德规范转化为法律原则、法律规范。这是人类法律生活中的一个普遍现象："对那些被视为社会交往的基本而必须的道德正义原则，则在一切社会中都被赋予了具有强大力量的强制性质，这些道德原则约束力的增强，是通过它们转化为法律规则而实现的。"① 中国法律史上的"纳礼入律"，就是一种道德的法律化现象。西方法律史上也同样存在道德的法律化现象。例如，有关诚实信用原则的法律化就很能说明问题。1863 年的《撒克逊民法典》第858 条规定：契约之履行，除依特约、法规外，应遵守诚实信用，依诚实人之所为者为之。19 世纪后期制定的《德国民法典》第 242 条规定：债务人须依诚实与信用，并照顾交易惯例，履行其给付。《瑞士民法典》第 2 条规定：无论何人行使权利义务，均应依诚实信用为之。《美国统一商法典》第 203 条规定：凡本法范围内之任何合同或义务均要求（当事人）必须以诚信履行或执行之。该法典的《正式评论》解释说："本条确立了一个贯穿全法典的基本原则，即在商业交易中，要

---

① 张晨、王家宝：《道德法律化与法律道德化》，《政治与法律》1997 年第5 期。

求所有的协议或义务以诚信履行或执行之。"由此可见，在西方民法典和商法典中，作为道德原则的诚实信用被转化为最高的法律原则，故学者称其为"帝王条款"。

我国现代法制建设中也贯彻了道德的法律化取向。诸如《民法通则》第4条规定："民事活动应当遵循自愿、公平、等价有偿、诚实信用的原则。"这涉及民法的三大重要原则，即自愿和公平原则、等价有偿原则和诚实信用原则，而实际上，它们的"前身"都是道德原则。《合同法》第42、43条规定了缔约过失责任，它有以下几种类型：一是借订立合同进行恶意磋商；二是故意隐瞒与订立合同有关的重要事实或提供虚假情况；三是泄露或不正当地使用商业秘密；四是其他违背诚实信用原则的行为。这就是说，诚实信用原则是衡量是否存在缔约过失责任的标准。由此可见，上述原则体现了《合同法》的道德关怀。《刑法》第4条规定："对任何人犯罪，在适用法律上平等。不允许任何人有超越法律的特权。"这一原则体现了宪法规定的在法律面前人人平等的原则。追求平等精神的法规当然反映了道德的取向。《刑事诉讼法》第11条规定："人民法院审判案件，除本法另有规定的以外，一律公开进行。被告人有权获得辩护，人民法院有义务保证被告人获得辩护。"这是对公开原则的规定，公开的意义在于更好地监督审判，增强法官的责任感，从而实现司法正义。因此，它体现了《刑事诉讼法》的道德追求。这样，道德经法律化之后，就可以诉诸国家权力的强制，通过这种外在约束机制督促人们不得不按法律要求去做，这样长此以往，就会在不知不觉中由他律到自律，养成一种守法的习惯，有了这样的习惯也就具备了相应的道德素质，因为人们习惯恪守的法律中就蕴含着道德原则和规范。当然，法律中所规定的是一种公众所能践行的最基本的道德要求。如果一个人能够成为具有这些基本道德素质的人，那么从法治的角度来看，他就是合格的公民。若公众都是或大多数是合格的公民，则社会上必然会形成一种良好的道德风尚。

这里需要特别强调的是，在现代法治和道德精神之下，道德的法律化乃是经由广泛的参与，合理的对话、协商和交涉，对多元道德生活进行过滤、筛选而形成的对最基本道德的最基本认同。这种认同因经由一个合理的程序选择过程而具有正当性。因为它是在法律拥有形式上的完整性和独立性的前提下进行的，是法律对道德的形式化和技术化。它只将可能被形式化、技术化的道德要求转化为法律，而对那些无法操作、在现实中缺乏普遍可行性及通过法律的形式和技术无法表达和适用的道德要求，则不作规定。同时，被转化的道德要求已经是被形式化、技术化的法律规则，而不再是一般意义上的道德要求。因而它是客观的、非个体化的，而不是可被主体以自己的道德观念作任意解释的，因而是可以预期并可以导向无差别对待之公平的；它是具体、确切的，而不是使主体无所适从的，因而是可被理解、把握和操作的；更为重要的是，它是注重和强调行为的，而不是指向内心的，因而不仅可以操作，而且是正当的。因为法律上的决定经由程序选择，形式上已意味着公共承认和内在认同，所以决定形成后只注重对外在行为的规制，而无须特别关心内心。道德的法律化经由对话、沟通、协商、交涉等法律上的过滤、选择程序所形成的决定，意味着形式上的认同，所以在道德上特别被关注的动机此时已不再离开行为被强调。这便是道德被法律形式化、技术化最突出的标志。这与中国封建社会中的传统德治不同，传统德治通过法律对道德的推行不仅是全面的，而且是非形式化的。道德是被法律化了，但却没有被形式化、技术化，仅仅是被刑罚化了。这种刑罚是非一般对待的，溯及既往的，缺乏具体确切性而可以从纯粹道德意义上作任意解释和适用的，诛讨内心的。诛心特征恰是法律未将道德形式化、技术化的最突出标志。必须明确，道德的法律化绝不只是道德的强制化或刑罚化，它是将一种可以被普遍认同的道德标准，经由程序理性化、形式化和技术化了，因而是使某种道德上的公共选择经由程序正当化。道德的正当化是由选择程序的正当化本身决定的。人们对一个在法律上被要求的"道德标准"的遵守，首先因为这一标准是经过了一个形式上被认同的过程。总之，在通过道德法律化来实现法治对德治的保障作用时，我们必须特别注意法律与道德的界限，注意二者重合的限度，只将最低限度的道德要求转化为法律义务，而绝不可全方位地确认和推行道德。因为，这种转化意味着对某些道德上的自由施予法律上的强制，以主体在道德自由上的克制和缩减为代价，并且强制可能引来国家暴力的使用或导致一定的物质结果。中国在法律与道德、法治与德治关系上，长期存在两个问题：一是在政治领域，讲法治重在法治的道德内容、实质正义，而法治的最显著特征"形式正义"与"程序正义"却十分薄弱；二是在社会日常生活领域，讲道德教育重在鼓吹理想道德、理想人格，而与人性有最直接联系的道德实践和日常起码的道德行为、道德感情却得不到应有的重视。这些都是需要我们在推进依法治国，加大法治对德治运行的支持与保障力度的治国实践中充分考虑和着力解决的。①

二　德治是法治的基础

伦理学家彼彻姆说："当我们发现法律和政治结构的道德缺陷和道德上不完善时，我们就修改、订正和推翻法律和政治结构，在重新制订某些法律之前，我们常常指责旧的法律是'不正义的'、'道德上贫乏的'。"② 这段话恰当地表明了道德原则之于法律的基础地位。既然德治是法治的基础，那么就有一个德治如何在实践中为法治提供坚实基础的问题。从总体上说，整个社会道德水准的提升，通过立法、司法和行政等层面，全方位地影响着依法治国的进程。道德是法治的基础，加强提高社会主义道德，能够对完成立法、执法、司法、守法，推进社会主义法治建设起到相当关键的作用。

第一，道德是国家立法的基础和前提。一方面，诸如正义、公平、平等、自由等道德准则是社会主义法律所追求的价值目标。社会主义

---

① 吴小评：《法治与德治结合论》，硕士学位论文，中国政法大学，2005 年。
② ［美］彼彻姆：《哲学的伦理学》，中国社会科学出版社 1990 年版，第 8 页。

法律以严格的立法程序将诸多社会主义道德标准转为法律准则，再渗透到具体的法律规范中，从而使其成为法律本体中不可或缺的一部分。同时，道德准则及规范也是法律制度的衡量准则之一。能够得到社会公众认同的"良法"，需要体现正确的价值取向，需要借助社会道德规范的判断与评价。而不以道德价值为依托的法律，无法评判其是良法还是恶法，立法的成功与否更是无从谈起，这样的法律最终必将演变为立法者专横的体现。另一方面，社会主义国家人民当家做主，各权力机关、司法机关及行政机关的权力均是人民赋予的，但是人民无法直接行使以上各种权力，因此立法权的直接行使者是立法者，只有通过以德治国以道德的力量约束立法者。提高立法者道德素质水平，才能保证立好法、立良法。

第二，道德是行政主体正义执法的基础和前提。普遍性、广泛性以及反复适用性是法律特有的性质，也就是说，法律在一国范围内，具有调整范围内所有人员行为的权力，主要包括合法及违法行为。但是由于目前经济的高速发展，国家行政事务日益复杂化，一国再完备法律已经无法对所有政府行为在范围、幅度和方式等多尺度上作出规定，因此目前的法律为大多政府行为留有自由裁量余地。而以上这些只有通过以德治国，加强行政执法人员的思想道德素质，才能确保执法环节的公平与正义，合理运用法律赋予的自由裁量。也就是说，只有执法者在执法时心系人民，时刻以道德规范约束自己，才能防止出现以权谋私及贪污腐化现象，树立分明的社会主义荣辱观，增强自身的责任感、使命感，才能更好完成行政执法职责，同时也确保实现建立健全法治政府的目标。

第三，道德是司法正义的基础和前提。司法是否正义是衡量一个国家文明水平的重要指标，而影响司法正义最为重要的一个因素就是司法人员思想道德素质水平，同时司法人员思想道德水平也会影响到法律权威性的树立。具有较高道德素质水平的司法人员，能够有效地防范司法腐败的现象出现，有助于保证司法正义，使社会主义法制制度得以有效实现。因此，加大力度加强司法人员道德教育，树立正确的社会主义荣辱观对履行其司法职责有相当重要的意义。

第四，道德是我国公民自觉守法的基础和前提。所谓法律是一种具有他律性以国家强制力保证实施的行为规范。正是由于其他律性的性质存在，因此需要法律得到公民对其的绝对认同，并且保证自愿服从其规定。这也就是说如果道德观念的树立稍有偏颇很可能就导致公民对已形成法律的不认同，进而不会自愿地服从其要求的准则，直接造成"防不胜防""罚不胜罚"的局面，而整个社会也无法达到长治久安的和谐平稳状态。因此，社会成员相信法律、遵守法律、维护法律的前提是形成与法律要求相一致的社会道德。由此可见，就整个社会而言，道德水平与守法自觉性具有同进同退的关系，因此大力加强社会主义思想道德建设，确立正确的社会主义荣辱观，建立健全社会主义核心价值体系，从而形成具有明确价值标准的道德规范，增强公民对于知法、守法、用法和敬法的正确意识。

因此，大力加强社会主义思想道德建设，进而提高公民的道德素质水平，是实现依法治国的思想基础和精神动力，同时，加强思想道德建设能够推动、维护以及强化依法治国理念，因此建立健全国民的道德教育是推进法治建设的必要手段。如果基本的思想道德缺失，那么包括道德伦理在内的法律价值将会被质疑，而以道德规范为基础的法治社会将难以建立。①

三　德法互济是实现国家治理现代化的重要保障

党的十八大至今，以习近平总书记为核心的党中央进行了许多伟大的历史变革，在这一发展新时期，推进国家治理现代化，就是实现中国特色社会主义新发展的鲜明标志，是我们党在治国理政上新的切

---

① 张志臣：《法治与德治相结合治国理政思想研究——基于国家治理现代化的视角》，硕士学位论文，东北财经大学，2015 年。

入点，是高度自觉和高度自信的重要体现。实现国家治理现代化是全
面深化改革的总体目标。坚持依法治国和以德治国相结合，是建设中
国特色社会主义法治体系和社会主义法治国家总目标所必须坚持的一
项基本原则。在国家治理现代化过程中，法治与德治是两个相辅相成、
相得益彰的重要方面，国家治理现代化需要二者共同发挥作用。法治
与德治都是不可或缺的治国方式。法律和道德紧密联系、相辅相成，
作为上层建筑的重要组成部分，共同维护社会秩序和规范人们日常行
为。法治与德治，在国家与社会的治理中也应该结合起来产生作用，
德法互济是实现国家治理现代化的重要保障。

　　第一，全面推进依法治国是确保党和国家长治久安的根本要求，
法治是国家治理体系和治理能力的重要依托。改革开放之初，邓小平
同志就指出："应该集中力量制定刑法、民法、诉讼法和其他各种必要
的法律。"① 在党的十五大上，作为国家长治久安的重要保障，依法治
国被确定为党领导人民治理国家的基本方略。党的十七大报告强调依
法治国，标志着中国共产党实行依法执政、依法领导，为建设法治国
家指明了方向。党的十八大指出，在国家治理和社会管理中要凸显法
治的作用。党的十八大以来，党中央高度重视建设社会主义法治国家，
强调落实依法治国基本方略。在这一时期，依法治国在全局工作中的
地位更加突出，作用更加重大；广大人民依法通过各种途径和形式管
理国家，体现了法治的制度化、有序化，在新形式新任务面前，必须
更好发挥法治的引领和规范作用。

　　第二，在实现中华民族伟大复兴的中国梦的关键时期，必须把依
法治国和以德治国紧密结合起来，现代所讲的法治与德治，从本质上
讲都是治国的基本方略和调整人们行为的重要规范，二者缺一不可，
只有坚持德法互济的原则，方能取长补短、更好地发挥治理国家的作
用。通过深化和推进公民道德建设，使社会主义道德体系与社会主义

---

① 《邓小平文选》第 2 卷，人民出版社 1994 年版，第 150 页。

法治体系发展相适应。要想保证我国法治建设的正确方向，巩固各族人民团结奋斗的思想道德基础，就必须要坚持德法互济这一治国理政思想。

改革开放以来加强了法治建设，这在维护秩序和保障权利等方面发挥了极其重要的作用。但还有有法不依、执法不严、违法不究的现象存在，社会有道德失范的现象存在，所以依然要加强法治建设，在全面实现国家治理现代化这一大背景下，必须坚持德法互济，双管齐下、协调发展，为实现中华民族伟大复兴的中国梦提供有力保障。①

第二节 德法冲突：国家治理现代化中德法 互济的现实困境

社会是不断发展和变迁的，但是道德与法律的发展未必能和社会的变化同步。当社会经济发展迅速，而道德的发展没有跟上经济发展的要求，当新的道德观念没有确立的时候，法律就担负起引导新的道德取向的责任。人们通过对法律的理解，才逐渐形成新的价值体系。而法律也是在与社会生活不断融合和相互冲突的情况下才得以不断发展的。道德的进步和法律的发展就是在无数次的冲突和磨合中逐渐完善的，这种冲突也是国家治理现代化中德法互济面临的现实困境，具体体现在以下方面。

一 道德与法律评价标准的冲突

道德与法律评价标准的冲突在当代中国主要表现为体现自然农业社会的、道德与法律不分的传统与现代社会市场经济社会道德与法律的相对分离的要求的冲突。一般而言，一个国家和地区范围内，只有

---

① 张志臣：《法治与德治相结合治国理政思想研究——基于国家治理现代化的视角》，硕士学位论文，东北财经大学，2015年。

一个以国家名义制定或认可的法律体系，这就是现代法治所要求的法律的统一性。而道德体系却并非如此，除了人们在共同的社会生活实践中形成了与法律体系相一致的占主流地位的道德体系之外，由于人们的不同经历，还可能存在不同于这一主流道德体系的道德观念。而在当代中国，虽然在政府的积极推动下，为了适应建立市场经济体制的要求，国家制定了大量的法律、法规，但整个社会结构的转变是一个缓慢的过程，而中国国土辽阔，社会经济发展极不平衡这一事实，又加剧了中国社会结构转型的复杂性和长期性。所以，在这一特殊的社会转型时期，由于道德观念转变相对于政策推动的滞后性，目前还未形成与法律体系相适应的主流道德体系，除了与现代法律体系相适应的道德体系之外，还存在着其他如传统道德、后现代道德等。这些道德体系与现代法律体系对人们的行为进行评价的标准是不一样的。这种不一样的标准必然会对人们的同一行为有着赞成或反对、肯定或否定等不同的评价，从而形成道德与法律的冲突。这是根本意义上的冲突，它终将会随着社会结构的成功转型而逐渐减弱，但这并不意味着这完全是一个自然的过程。事实上，人们的实践行动都是有意识的，如果人们不能处理好这一特殊时期道德与法律的冲突问题，那么它必将极大地影响社会结构的转型和社会发展进程，影响着我国法治建设的进程。

二　规范的内容和特征上的冲突

这是指在一个相对稳定发展的时期里，虽然从总体上来看，道德体系与法律体系是一致的，都是特定社会的伦理要求的反映，但是因为这两种行为规范的独特性，使得两者呈现出不同的具体内容与特征。笔者认为，由此所造成的道德与法律冲突并不是实质意义和根本意义上的，而只是形式上的和表象上的，因为它们毕竟有着共同的分母——特定社会的伦理现实。这种意义上的道德与法律的冲突具体表现为几个方面。第一，真实性程度不同而引起的冲突，即法律和道德在概括和反映社会生活条件时正确和可信程度不平衡的冲突。从理论上来说，法律的内容是特定社会伦理要求的反映，立法者不能随心所欲地创制法律；但在现实性上，由于立法者受对社会物质生活条件的认识、对立法规律的认识和运用以及立法技术、文化传统等诸多因素的影响，法律的内容并不具有天然的合理性。道德虽然不是国家制定的，不存在"强加于人"的属性。但在现实中，一个国家常常为了贯彻其意志而倡导、主张它认为正确的道德规范，甚至还会运用各种力量如新闻媒介等社会舆论来强化这一规范。这种强化一般会对道德的形成也起着重要的作用。这就影响到道德现状的合理性、可信度。

第二，道德的理想性与法律的现实性特征所形成的冲突。道德追求理想和高尚的社会正义，体现着社会公众对美好生活的向往。法律可以也应当成为公民普遍遵守的道德义务，高尚的道德却不能也不应成为公民普遍的法律义务。法律追求经过提炼后的社会正义，是最低的道德标准，目的在于维系整个社会的秩序稳定和安全。所以，法律是面向现实的，现实社会关系的法律化、制度化，是法律建设不变的追求，法律总要亦步亦趋地紧跟现实。当社会条件发生变化，现实生活中出现与已有道德观念不符的新的问题时，法律往往是从为了解决问题的角度尽快立法，而这样会与道德的理想目标——消除这一问题发生冲突。比如说，物权法要规定对于拾得遗失物的人可以要求失主给予一定的报酬，这一规定是为了更好解决遗失物失主能够得到丢失的东西或者减少其损失，但这种规定却与道德所要求的"拾金不昧"相冲突。

第三，法律的程序性要求与道德的实质性要求之冲突。一般而言，法律有明确规范、严格的程序要求。合法的行为有实体和程序两方面的规定。不管是实体违法还是程序违法都是违法行为。道德只是实体性规范，不存在程序性要求。如果某一行为既符合道德规范，又符合法律实体规范，但不符合法律程序性规范，那么在道德评价和总体上的法律评价是冲突的。道德评价注重动机、结果，而不关心程序过程，发生冲突就成为必然。①

三　道德与法律所追求的价值差异

　　道德是有社会公德、理想人格等高低层次之分的，其追求的是一种"毫不利己，专门利人"的高尚境界。而法律设立的标准既非道德上的"君子"标准，亦非道德上的"小人"标准，而是"中人"（即一般人）标准。这也可以看成是道德的"圣人"追求与法律的"中人"标准导致的对立与冲突。

　　欧洲中世纪时，托马斯·阿奎那指出，实在法是为了芸芸众生制定的，应当适应大多数普通人的接受能力，而不应当从有德之士的接受能力出发。法律只能禁止大多数人可以做到不犯的较为严重的恶行。阿奎那这种按普通人道德水准而非按圣人道德水准立法的思想在西方是具有代表性的。道德的追求是"圣人"境界，而法律拥有的是一颗常人之心。我们在把思想道德建设与法制建设相结合时，自不能按照道德的"圣人"境界来立法。试想，如果以雷锋精神作为罪与非罪的界限，该有多少人将成为"罪犯"。

　　道德标准是"圣人"标准，不是每一个人都能达到的，也不要求人人皆尧舜，它的存在旨在为人类的崇高追求树立了一个标杆而已。若像儒家那样把人分为"君子"和"小人"两种，而小人与禽兽无别。就像《孟子·离娄下》所说："人之异于禽兽者几希，君子存之，小人失之。"意思是，人和禽兽不同的地方只那么一点点，君子能够保存住这一点点，而小人则不能。这样一来，一个人要么做君子，要么做小人，别无选择。而做小人就等于做禽兽，这就把人逼至做君子这一条道上了。但问题是，君子的标准太高了，远非常人能达到。如果硬要逼人们，只会导致"伪君子"的产生。因此，我们一方面要大力

---

　　① 陈秀萍：《变革时期法律与道德的冲突问题研究：兼论法律的伦理性》，中国方正出版社 2008 年版，第 27—29 页。

提倡标准较高的道德，另一方面要兼顾多数人的思想实际状况，不要通过制定法律强制多数人做不到而只有少数人才能做到的事。

四　道德的义务本位与法律的权利本位的对立

道德不能说丝毫不讲权利，但它主要是讲义务的，法律不能说不要义务，但它侧重讲权利。因此，道德和法律之间事实上存在着义务优先和权利优先的对立。古希腊的斯多葛学派认为，所谓美德，就是"为义务而承担义务"。近代康德认为，人的最终目的就是实现其道德义务，亦即善意，道德意味着人们承担起自己的义务。富勒把道德分为愿望的道德和义务的道德两种。前者是指一种"至善"的道德，后者是指基本的道德，但两者都属于义务范畴，只有高、低层次之分。在中国人们更加强调道德的主要内容是义务。中国传统文化的"以义为上"的价值观念是与现代权利观念相冲突的。中国古代社会商品经济始终没有得到长足发展，人们的商品意识淡薄，贱商意识浓重。没有发达的商品经济，就不可能有完备发达的民法，也就不可能有健全的民事权利观念。因而，与宗法性农业经济相联系的法律规范也是强制性、义务性规范为多，缺少授权性规范。这种特性又强化了人们对法律的恐惧心理。与道德不同的是，现代法治是以"权利本位"为核心的价值观念的。因为民法是现代法治的基础，而民法又是以权利为核心建构起来的体系。关于这一点，当今西方和中国主流意见都是一致的。

既然道德的特点是义务优先，法律的特点是权利优先，因此，我们在把思想道德建设和法制建设结合时，要注意处理好权利和义务的关系。权利是对人们正当利益的承认和保护，只有在承认和保护公民权利的基础上，公民才会自觉、自愿地履行道德义务。中国社会传统的道德思维是建立在"义利二分"的模式上的，往往"言义而不言利"，树立了一种极高的道德标准，缺乏为社会大多数人遵循的世俗的道德准则。在当前市场经济的社会环境下，这种纯粹的道德标准因缺乏权利关怀而往往被大多数人敬而远之。因此，有必要转换思维，吸取民法精神，义利兼顾，从传统泛道德主义的泥淖中走出来。

五　重礼轻法的传统文化与现代法治观念的冲突

"重礼轻法"是中国传统法文化的核心。儒家的"礼"是重尊卑贵贱的。中国传统文化中的重礼轻法，重德轻刑的治国理念导致法律与道德的冲突。在中国传统文化中儒家学说占据了重要地位。儒家自孔孟始就推崇"仁政"，"礼"被视为治理国家的根本制度和统治方法，儒家之"礼"以伦理为中心，以家庭为本位，以等级为基础，主张"出礼入刑"。因而在礼德与法刑的关系上，德礼为本，法刑为末，德礼为长久之术，而法刑为一时之用。

在礼法德刑的价值关系上是"德主刑辅"。中国社会几千年历朝历代的封建统治者都标榜"出礼入刑""德主刑辅"，而封建社会的严格的等级制度，所谓的"刑不上大夫""礼不下庶人"也导致受严刑酷法的大都是处于被统治阶级的贫苦民众，这样轻刑、慎刑也是广大人民群众的迫切要求。封建法律的残忍和司法的武断专横，又引起广大人民群众对"法""刑"的逆反心理，人们厌法、贱刑，因而重礼轻法、重德轻刑又塑造了一种道德人格，并积淀为一种顽强的心理意识。这种道德型人格，重德轻法的心理意识一直到今天还成为我们树立法律权威的阻力。"和为贵""忍为上"的厌讼心理结构与现代法律权威维权意识形成了尖锐的冲突。现代法治倡扬的是"法律面前人人平等"，则要求对合法权利的保护和对违法行为的惩处援用同一的法律标准，它是基于现代社会中人与人之间的平等关系而产生的一种新的法律意识。但是，传统的惰性作用使得法律理想与现实形成很大距离。

六　传统道德演进与法律发展的不同步

法律构成中道德价值始终占据着重要地位，并且法律的实施需要道德的支持。在一定的条件下，法律既可能合乎道德，也可能不符合道德。作为一种现实存在的法律，它的"实证"状态与道德价值之间并无直接的联系。换句话说，法律应该得到道德的支持，但无道德的支持并不影响法律的现实存在。在目标层次上，法律不但追求其实际效果，而且更重要的是追求道德的价值的实现，也就是说它必须内含道德价值，依靠道德力量的支持，否则这种法律即是恶法就不被承认为法。从内在性上讲，法律不仅仅意味着体系的完善、效果的优化和功能的极大化，而且决定其尺度的更是一种道德价值的实现。应该说，任何一种法律的存在都应该在不同程度上追求一定的"公平"和"正义"，法律之所以称之为法律，就在于它首先追求的一种"正义"良法。因此，法律与道德价值是紧密联系的。

与此相联系的道德观对法律的发展具有制约作用。这种作用主要表现在：法律的发展必然有相应的道德观相伴随，两者在趋向上保持协调和平衡。另外，一种相应合理的道德观对法律的发展必定具有推动作用，而一种滞后的道德观的存在也必定对法律的发展起着阻碍作用。在法治发展史上，法律制度的转变首先是道德观的转变。在近代西方，当体现封建制生产关系的封建法律向体现资本主义生产关系的资产阶级法律转变过程中，在意识形态领域为之铺平道路的是道德观念的转变。欧洲的文艺复兴带来了人的主体道德观的诞生，几乎与此同时的罗马法复兴又为之带来了以个人为中心的道德观的形成，这种道德观对于近代资产阶级的法律发展起到了巨大的推动作用。

我国三十几年来的法律发展也毫无疑问受到了传统道德观的影响。以儒家思想为主流的传统道德认为，社会安定、有序就是道德价值所在。他们在道德的价值取向上尊崇国家、集体本位，他们将社会的整体利益作为个人利益的唯一参照物，要求社会的个体成员通过道德修养实现心理与行为的合一，使个体融于群体之中，个体需求应无条件地服从整体需求，从而实际中就难免扼杀个人需求的独立性和创造性，把个人与社会、个人与国家利益放在对立的位置。把个人与群体的道德价值准则转化为一种关系表现，在个人与家庭关系上就是父与子，夫与妻。父是群体的化身和代表。"父为子纲"，"夫为妻纲"，妻与子作为独立的个人只能融于家中才能体现出价值；在个人与国家的关系上表现为君与臣、臣与民的关系，这种关系的道德转化就是"忠"与"孝"的问题。个人只有孝服家庭，忠诚国家和社会才能带来社会的和谐，才能体现出人生的意义。儒家的道德学说被历代封建统治者看作"正统"的道德尺度，历经张扬，这种道德学说被一般的平民大众所接受，并通过不断提炼、沉淀、升华，成为传统道德观的典型代表。这种完全忽视和否定个人需求和个人发展的传统，毫无疑问成了禁锢人的个性和合理需求及利益的桎梏。新中国的社会主义法律建设不能不从彻底扬弃中国传统旧道德观念入手，以便为社会主义法律建设提供新的环境和新的价值原则。事实上我国改革开放三十几年来，通过集体主义、爱国主义、社会主义和社会主义核心价值观的教育，对我国社会主义法治的建设和发展起了很大的推动作用。然而，传统的道德观念并不会随同封建制度的消灭而自行消失。它作为一种整体虽然早已不复存在，但作为一种心理习惯或文化心态，几经积淀，其许多消极因素仍然顽强地生存着，与我国社会主义法治大发展形成冲突。①

第三节　实质正义与形式正义：德法互济现实 困境的深层起因

正义（特别是实质正义）作为一种理想，是特定社会的伦理，这是任何个人或集体意志无法完全把握的。但是人类可以通过设定种种程序和途径，尽可能减少利益等因素对其认识的主观性影响，不断地接近它。作为与人的意志与主观性密切相连的法律与道德一样，不可

---

① 高中权：《论法律与道德的冲突及融合》，硕士学位论文，华中师范大学，2003 年。

能完全真实客观地反映特定社会所要求的伦理。作为实现这一共同理想的两种途径的法律与道德，由于其对人们行为的调整方式的不同使它们具有了相互的独立性。道德的个体性与实质正义的社会性的矛盾、形式正义对实质正义的背离、人情与现代司法正义的矛盾，是国家治理现代化中德法互济现实困境的深层起因。

一　道德的个体性与实质正义的社会性的矛盾

道德的个体性是指道德所表现的个体性特征，它旨在强调道德作为个人的内在品质之含义。道德所要求的规则终究要靠个人来把握并加以主动遵守，从这个意义上说，道德最终应当是变成个人的，如果道德不是个人能够遵守的，那道德就会成为外部的强加和强制，因而也就不能够变成个人真正的德行和内在的习惯。古希腊亚里士多德的"德性（行）论"就是从个体性的视角来研究道德的。他强调道德是习惯，是在早期的生活中养成的，通过个人的持守变成个人的态度，这才是德行，它并不靠外在的规约和要求而产生外在的不得不为之的行为，这才成为一个有德性的人。所以，他很重视道德习惯和道德态度，重视道德的人格，甚至也重视道德情感，他提出人对外部情境的情感反应模式会逐渐变成对道德的态度。可见，亚里士多德强调的"德性（行）论"的道德哲学所突出的正是对道德考察的个体性线索。

事实上，在古代社会，也没有道德的个体性与社会性之分。这是因为，古代社会是基于社会个体之间的相似性而组成的，而且"社会越是原始，构成它的个体之间就越具有相似性"，"在野蛮民族里，我们很容易找到游牧部落所特有的一种面貌，却很难找到个人所特有的一种面貌"，"我们越追溯到原始时代，就越会发现这种同质性的存在"。① 在这样的社会里，社会道德就体现为由社会所有群体成员的共

———————

① ［法］埃米尔·涂尔干：《社会分工论》，渠东译，生活·读书·新知三联书店 2000 年版，第 93 页。

同情感和共同信仰组成的集体意识。个体的价值观念与整个社会的主导价值观基本上是一致的。但随着社会，特别是商品经济和市场经济的发展，开始有了道德的社会性与个体性的分化。道德分化成两个层面：属于个人价值观念层次的道德和属于维护社会基本秩序所必需的道德。前者即所谓"存在和行为的道德方式，这一方面关乎人之心性善恶和行为善恶"；后者是"人之社会存在和社会行为的道德方式"，体现了现代社会的实质正义的要求。人类道德的这两个方面并不是相互独立的，相反，它们之间有着非常密切的联系。所以，当这种要求体现为个人的道德品质时，这种道德显然就具有了个体性特征。人们为他人服务并不一定是出于真正友好的情感或价值的共识，也可以是为了将来能够得到经济上的回报。这种个体性的出现就意味着作为个人内在品质的道德可对与特定社会要求相适应的实质正义的背离。

任何时代的人们都在追求一种与当时的自然条件、社会结构和经济发展状况相适应的社会秩序。在古代社会，人们曾从个体道德品质或德性的培养这一视点来建构。但随着商品经济的发展，人们开始从人与人之间的合理关系来探讨社会的秩序形成，这标志社会制度的安排与社会资源分配的合理性的正义，也成为人们孜孜以求的理想。无论是古典法学派的自然正义观，还是现代以罗尔斯为代表的社会正义观都是以人与人之间应有秩序的构建为目标的，甚至柏拉图所说的正义也是与国家、政治相关联的。也就是说，与古代社会人们对个体性的道德或德性的关注不同，现代商业社会所要求的以正义为基础的秩序，体现的是一种社会性的伦理。正如亚当·斯密所表述的那样，现代社会在其本质上是一个商业社会。作为一个复杂性社会，其成员相互之间有着很深的依赖性，陌生的他者随时都有可能影响到自己的利益，每个人也随时都有取得多数人的协作和援助的必要。在这种条件下，每个人通过交换而生活，或者在某种程度上成了一个商人，人的互通有无的交往本性在商业社会中得到尽可能大的发挥，而与古代相比，普遍的富裕在商业社会中也得以可能，当然，这一切均强化了现代社会对正义的依赖。亚当·斯密正是通过可能创造一个商业社会的事实，说明了正义的必要性与重要性，提出"正义犹如支持整个大厦的主要支柱。如果这根柱子松动的话，那么人类社会的宏伟而巨大的建筑必然会在顷刻之间土崩瓦解"。① 所以，正义不仅是社会制度的美德，也是社会存在的基础。现代道德体系乃是以正义为中心的，其功能在于，调整个体与"陌生他者"之间的关系，保持人们之间的和平共处，因而，它处理的是公众利益问题、普遍法则问题。就此而言，以正义为中心的现代道德是社会性的，而不是个人性的，它关注的一般问题往往限制在良好社会秩序如何建立与运转，因此，它或者是公民道德，或者是国民道德，或者是集体道德。

以正义为中心的现代秩序本质上是社会性的伦理。人类进入它的现代时期以来，对于人的社会性理解极大地增强了。黑格尔自我意识的辩证法可以看作这一论说的一个典型的开端，个人意识到自身的过程是通过他者而得以可能的，是在不同主体之间相互承认的斗争中展开的。这个论说在费尔巴哈那里被理解为是辩证法的精髓，在《未来哲学原理》中，他强调，真正的辩证法不是单个自我的独白，而是我与你的对话。在马克思那里，这一点被转换为对人的本质的现实性理解。它的后来形态是米德关于社会个体化与个体社会化的论说、哈贝马斯关于交往行动理论与商谈伦理学的构想。

由此看来，现代社会的发展一方面使得价值观念层面上的道德越来越个体化；另一方面体现为现代社会道德的实质正义和伦理秩序的社会性越来越强；而价值观念层面上的个体性特征或多或少地影响着其对现代社会的实质正义的观念。所以，当表现为应有社会关系体系的伦理或实质正义成为社会个体的道德观念的时候，必然会或多或少地带有个体性的特征，从而与实质正义产生一定的距离，这一距离又

①　[英] 亚当·斯密：《道德情操论》，蒋自强等译，商务印书馆 1997 年版，第 106 页。

可能加大了它与形式正义和法律的距离。

因此，尽管从理论上来说，人们可以通过交往理性和商谈程序来获得体现实质正义的道德共识，但并非所有的人都能够参加这一程序并达成一致意见。即使所有的人都参加了这一程序并达成了共识，但也并非所有的人在所有的时候都能够按照实质正义的要求去行为，毕竟当道德共识转化为人们个体的行为时，独特而自利的个体常常会因为自己对利益的追求，而有意无意地将人们普遍接受的道德共识附加了自己的含义，从而使得作为个体行为规范的道德与体现实质正义的道德共识产生一定的距离，导致实践中德法互济的困境。

二 形式正义对实质正义的背离

形式正义应该是以实质正义为其目的，但形式正义本身的独立性和特征，使它可能与实质正义的要求并不一致，这是实质正义与形式正义无法避免的冲突。一般而言，法律的形式正义是要通过确定性的方式来实现实质正义。而实质正义的真正实现是通过具体的个案来表现的。事实上，由于人际关系和社会关系是很复杂的，特别是在熟人领域，比如说同事关系、家庭关系更是如此。这就使得社会生活中的每一个纠纷，乃至于每一个违法、犯罪行为都是有"前因后果"相联系着的，而法律只是从局部出发，对分解过了的某一个具体的法律关系进行评判。这样往往把复杂的社会关系和人际关系割裂开来，忽略了事物之间交叉着的因果关系，而这样就难以达成最后结果的正义。所以，学者们提出："寄望形式上的正义，成为人与人之间公平判断的工具，还有一项困难。因为，如同亚里士多德曾经指出，规则的一般性并不是说，每一种个别的情况都能够被预料，或作适当的规定，于是形式上的正义在个别的案例中，就可能丧失。"[①]

---

① ［英］丹尼斯·罗德：《法律的理念》，转引自孙笑侠《法的形式正义与实质正义》，《浙江大学学报》1999 年第 5 期。

　　形式正义对实体正义的背离一般分为以下两种情况：第一，体现普遍规则的抽象正义可能导致具体正义得不到实现。比如，某市原市长将受贿得来的 23 万元用于解决下属乡镇学校等实际资金困难问题这一案件来说，假如市长真的只想用通过受贿的方式来解决老百姓的实际问题，那么如果将其与只想将受贿款占为己有的其他受贿人员一样按照刑法规定定罪量刑，显然会使许多人觉得不符合实质正义之要求。但若就此原因不将其定罪量刑，那么，就可能使受贿行为因各种理由而合法化。这将造成更大的不正义。正是因为法律只能涉及表现在外的行为及其直接目的，所以其常常因为特殊个案的复杂性而不可能使每个案件都能符合实质正义的要求。第二，体现法律形式正义要求的程序正义可能会导致实体正义的不能实现。比如，如果某人杀人但销毁了所有的证据，那么法庭必将因为证据不足而宣告其无罪，这必然使实体正义即被害人的权利难以实现，从而一定程度上影响社会的安全与秩序。当然我们并不能因为实体正义不能实现这一原因而将其判处刑罚。因为法院的判决是具有普遍意义的，如果"疑罪从有"，那将会导致法官的主观臆断，就会有更多无辜的"佘祥林"受到不正义的待遇。事实上，只要法律的规定能保证大多数案件能够正义地得到解决就行了。

　　形式正义对实质正义的背离并不意味着法律本身是不正义的，只是说明形式正义与实质正义一样也有着不可克服的缺陷，"两害相权取其轻"，显然实质正义要得到更大程度的实现就必须通过表现为形式正义的法律的方式，所以有时即使严格执行法律的形式正义可能导致实质不正义时，也还必须严格遵守法律的形式正义之要求。正是从这个意义上，罗尔斯说："一个法律的不正义也不是不服从它的充足理由。当社会基本结构由现状判断是相当正义时，只要不正义的法律不超出某种界限，我们就要承认它们具有约束性。"① 尽管形式正义与实质正义有着背离的可能，但还是应该坚持形式正义，因为形式正义能够在一定程度上克服人的主观臆断，使人们对自己未来的行为有较为确定的预期，正是法律的这种"僵化性"给了人们一种稳定感和公平感，使人们觉得自己的权利受到了同等的尊重。②

三　人情与现代司法正义的矛盾

无论是在中国古代社会，还是在当今社会，"人情"都是一个非常重要的概念，并在人们的社会生活中呈现出非常重要的意义。在中国历史上，人情与法律有着非常密切的关系。就现代而言，从理论上说，法律也应该反映人情、体现人情。因为，立法者在制定法律规范的时候总要依据自己直接或间接的经验，无论是直接的还是间接的经验都离不开他所生活的社会条件。法律的产生是这样，法律的发展、变化也不例外。如果法律与人情完全背离，那将意味着法律的虚置或者赤裸裸的暴力。历史和现实都证明了试图用强制性的法律手段去改变人们的价值观念和行为方式，终将导致法律的无效。但毕竟人情的形成或产生方式与法律不一样，它不是自上而下的，而是自下而上的。除此之外，法律一旦产生，就体现为以语言为载体的法律条文和规则，具有了相对的独立性与客观性。这与人情的相对灵活性特征相较，又使得两者在现实生活上的紧张成为必然。具体表现为：第一，从法律的产生方式来看。一般说来，法律大多数是由特定的国家机关即立法机关制定的，而这些机关是由特定的人组成的，而人的经验和理性能力的有限性对作为立法者的他们来说也不例外。也就是说，立法者的

---

① ［美］罗尔斯：《正义论》，何怀宏译，中国社会科学出版社 1988 年版，第 340 页。

② 陈秀萍：《变革时期法律与道德的冲突问题研究：兼论法律的伦理性》，中国方正出版社 2008 年版，第 137—145 页。

经验不可能是全面的，他们的理性和认识能力也是有限的，而且，他们虽然是代表国家来制定法律，但他们又是独立的，他们有着自己独立的思维方式、独立的价值观念，甚至，他们也不能免俗，还有着自己独立的利益追求。所以他们制定出来的法律规范是不可能完全体现人情的。第二，从法律的固化性特征来看。法律的制定主要是对先前经验的总结，只有有限的超前性。它一经产生，就表现为具体的法律条文，从而具有一定的独立性、客观性与稳定性。它的固化性特征使它对不断变动的社会生活缺乏应变能力而不能很好地解决纠纷。同时，具体的法律条文还必须以语言为载体，而语言无论是作为人类思想沟通的媒介，还是作为表现社会事实的工具，其局限性是显而易见的。因而法律条文不可能客观、全面、真实地表达社会需求和人类情感。而人情作为一种观念或习惯，也会体现为人们面对现实生活形成的一种生活智慧和生活常识，它的弹性和灵活性特征使它对社会生活中出现的新问题有着独特的解决方法。

法律高于人情是现代司法的正义要求。在西方社会，思想家们一直认为人类自身具有无法克服的缺陷，而人之外的法律、制度是克服人类恣意和任性的最有效的方式。早在古希腊时期，亚里士多德就认为："常人既不能消除兽欲，虽最好的人们（贤良）也未免有热忱，这就往往在执政的时候引起偏向。法律恰恰正是免除一切情欲的神祇和理智的体现。"[①] 到了近代，思想家们明确提出了 "一切有权力的人都容易滥用权力，直到有界限的地方为止"。[②] 因此，人类只能依靠相对独立于人之外的法律等制度才能克服自身的弱点。而法律作为一种秩序，"有一批专门的工作人员时刻准备以（肉体或心理上的）胁迫使之

---

① ［古希腊］亚里士多德：《政治学》，吴寿彭译，商务印书馆 1983 年版，第 169 页。

② ［法］孟德斯鸠：《论法的精神》（上），张雁深译，商务印书馆 1954 年版，第 154 页。

就范，如果违反此秩序，将遭报复。这种强制的可能性从外部保证了
秩序得以维持。"① 在此基础上的现代法治理论也认为，正是法律的确
定性与稳定性使其成为现代陌生人社会中人们之间关系的文明而有效
的调节方式。这种社会以现代市场经济形态为主要特征，更强调法律
的"规则之治"，而不是法律"纠纷解决"功能，② 其基本要求是法律
具有自治性，即法官在进行审判和作出裁判时只关心法律事实和法律
条文，严格遵守法律的规定，按照具体的法律规则作出裁判，而不是
去关心具体案情及法律事实背后的凄美故事，哪怕这样严格的法条主
义所得到的裁判结果可能导致实质上的不正义。当然，如果这种不正
义已经是普遍性的不公的时候，也是可以通过立法程序来纠正的，但
只对以后的案件起作用。这样才能使法律具有权威性，才能培养人们
对法律的信仰，实现法治。这与中国人强调在千差万别的具体案件中
实现人情或大众道德正好相反，他们尽可能将千差万别的案件统一于
严格的、稳定的法律，而不会将法律弄成千差万别、支离破碎的形态
去适应具体案件。③

---

① ［美］弗里德曼：《法律制度》，李琼英、林欣译，中国政法大学出版社 1994
年版，第 9 页。

② 苏力：《送法下乡》，中国政法大学出版社 2000 年版，第 176—197 页。

③ 陈秀萍：《变革时期法律与道德的冲突问题研究：兼论法律的伦理性》，中国
方正出版社 2008 年版，第 188—189 页。

第五章　理性选择——国家治理现代化中德法互济的实现路径

　　道德与法律作为维持人类社会规范的两大基本维度，作为社会关系的调整器，其二者有着共同的逻辑基础：正义。因此，其价值信仰是互通的，有着共同的价值取向，当然，从内在决定性因素和最高的价值准则而言始终是伦理道德为第一位的，二者共同规范着这错综复杂的社会关系。在调整社会行为过程中会体现出各种各样的交叉、互动、转换等基本规律。对社会法治生活的道德思考，以及对社会法律现象中所折射出来的伦理道德问题的反观，尤其在价值多元的现状下，最终还是需要道德与法律的共同作用。因此，我们应分析德法互济的作用机理，使德法互济应用于社会生活的实际当中，根据实际需要解决实际问题，使道德与法律受到客观的检验。在德法互济的实现路径上，两者互济的可能性并不会直接带来德法互济的社会现实。德法互济不会自发实现，需要不断完善法律对德治的保障，实现道德对法治的指引，更需要不断提高公民的道德意识和法治信仰。

第一节　国家治理现代化中德法互济的作用机理

　　法律与道德是两种不同的社会规范，法律是基于人性的恶而进行基本的制度架构，道德则基于人性的善而设置各种社会规范。经济学、社会学、心理学的研究成果已经表明，人既有恶的性格，也有善的性格；人既有利己的一面，也有利他的一面；人在行为决策时，既有理性的成分，又有非理性的成分。在现实中，纯粹的经济人或纯粹的道德人是不存在的，在现有生产力的条件下，人只能是经济人与道德人的混合，是善和恶、理性和非理性、利己和利他的矛盾统一体，至于哪一种性格占主导地位则因人而异，并在不同的社会关系领域中存在层次不同的特殊性。如在市场领域，追逐利益最大化促使人的自利特性会占主导地位；在伦理领域，社会舆论的非议使人的利他特性占主导地位等。法律和道德的区别正是对这种人的本性的多元性进行多元调整的需要。法律禁恶，道德扬善；法律抑制人的损人利己行为，而道德则激励人的利他行为；法律抑制人的非理性，而道德则激扬人的理性。这是法律与道德的最基本功能。正是从这一视角考察，法律是一种外在性、他律性的规范，道德是一种被内部化的、自律性的规范；法律不能涵盖人的行为的各个方面，道德则可能影响人的所有行为；法律着重于抑制人的非理性，道德则更多地倾向于激发人的理性；法律依靠强制性命令而运作，道德则依靠内心服从及社会舆论的谴责而运作；法律的预期目标的实现是以巨额监督成本和执行成本为代价的，道德对秩序和效率的贡献则是低代价的。法律和道德基于人的本性的多元性而存在，其各自独特的功能优势是对方不能替代的，其功能局限在一定程度上可被对方所克服。德法互济的良性关系就应基于此而建立，其相互作用机理主要体现在以下三个方面。

一　道德与法律在内容上相互吸收

　　道德与法律作为社会上重要的调控规范内容，二者会对日常中人们的行为进行评价、引导、监督，并不断地调整整个社会关系，以使社会良性和谐地发展。"道德的基础是人类精神的自律"①，而法律则

---

① 《马克思恩格斯选集》第 1 卷，人民出版社 1995 年版，第 15 页。

表现出的是"国家意志"的他律。虽然二者不属于共同的社会规范体系，但由于二者在抑恶扬善、经略化民等方面有着共同的价值取向，其价值核心是共通的，所以二者是不可分割的。就其生成形态角度而言，无论在什么历史背景下，道德属于一种社会意识形态的上层建筑，而法律是属于一种社会制度形态的上层建筑，它们在评价方面、调控方面、表现方面等诸多领域既相互区别又相互联系。而且，两者的规范领域具有交叉的调控范围。道德与法律固然存在相互排斥或对立的现象，然而更多的是二者之间的相互交叉渗透和相互吸收，其表现为：一是道德规范内容与法律规范内容在调控范围有着重叠之处并相互融合；二是道德观念与法律意识具有公平正义的属性而相互联系。一般来说，凡是道德所禁止或谴责的行为也是法律所禁止或谴责的，凡是道德所提倡和培养的行为也是法律所支持的，不过从规范要求层次上来说，道德可以帮助解决社会行为中更高层次的问题和更高层次的精神生活问题，而法律一般只能规定解决最起码的行为问题。

道德与法律作为人类社会发展以来，谋求社会安定秩序、人民福祉的不可或缺的两大手段，因其所处地位场合不同、各自的主要范围表现也不太相同。笔者认为，以道德为主的领域方面表现在：其一，内心方面。法律调整的是人们的外在行为，处罚裁决的是行为犯和结果犯，而法律不处罚动机犯，为此没有行为的内心活动是不受法律调整管辖的，因而缺乏对人们内心活动的引导、控制、调节，道德规范明显是优于法律规范的。其二，理想方面。人和社会必须有理想和追求，否则就没有奋斗目标，社会将由此失去生机和活力。"人需要一个目标，人宁可追求虚无也不能无所追求。"① 然而这种追求的规范引导与鼓励显然由道德来调整更为适宜，而法律不宜将人们内心的理想追求列为规范内容，写入法条之中，即使规定也会徒有虚名，理想的法

---

① ［德］尼采：《论道德的谱系》，谢地坤等译，漓江出版社2007年版，第76页。

律规范将会成为虚假的规则或人们的幻境。其三，人性方面。人有善恶两面，柏拉图说："人心有两部，一部较善，一部较恶，善多而能制止其恶。"① 而在当代中国，将人民大众的伦理道德引导到社会主义集体主义的道德原则上来，使我们的社会形成强大的凝聚力和向心力，以醇化社会风气，人民习气，有利于人民向善，无疑在此方面道德的作用是长于法律规范的。

　　法律调控作用优于道德调控作用的方面，主要表现在：第一，外在行为的约束。道德通过社会舆论、内心信念、风俗习惯等内在心理来间接地指引调控人们的外在行为，以主体的认可贯彻执行为纽带，同时不具有强制执行力，依靠人们的内心动机发挥作用来约束其行为。而法律在条文中明确规定行为的应当、不应当、可以、不可以，以此来制裁、引导、规范人们的外在行为，使其行为符合法律所确定的社会秩序，在直接作用于人的行为方面，法律调控作用更为有效。第二，制裁力的强度。法律的实施依靠的是国家机器来作为保障，有着完善的司法制度作为强大的后盾支撑，法律的制裁直接作用于受制裁人的财产和人身方面，是一种有形可量化的威慑强制力量；而道德通过社会谴责、他人否定以作用于道德失范人的内心当中，是一种无形无法量化的一种内在上的良心不安，并不是一种他律的强制。第三，社会秩序的维持。"为了避免许多冲突的意志造成无政府状态，法律限制个人的权力；为了避免专制政治的暴政，法律遏制统治机构的权力。"② 法律就是一种秩序，当代中国的法律所追求确认的就是一种社会和谐的秩序，没有法律对社会秩序的维持，良好的社会秩序随时会受到破坏。而道德在调整大的社会矛盾，对抗性的矛盾中，通过依靠大众的

---

① ［古希腊］柏拉图：《理想国》，郭斌和、张竹明译，商务印书馆 2002 年版，第 8 页。

② ［美］博登海默：《法理学：法律哲学与法律方法》，邓正来译，中国政法大学出版社 1999 年版，第 215 页。

自律和习惯来控制解决，则是缓慢的甚至是收效甚微的，在信息化的高速度发展的社会时代，它的及时性和强制性无疑是逊色于法律的。

道德与法律二者之间在内容上相互吸收是二者相互作用的主要表现，这一相互吸收的模式有效保障了它们作为行为规范所追求确认的实效。其一，将道德内容吸收为法律内容，即道德的法律化。当今我国制定的每一法律制度都是建立在相应的主流道德观念价值基础之上的，离开了道德因素的纯粹法律是没有的。当道德的自律上升为一种国家意志的法律之时，它就是对广大社会成员的一种强制性要求，因而使道德规范得到强化，每个时代都有重要的道德准则上升为法律规范。当今我国在一些工业生产等领域存在着拖欠农民工工资的现象，尽管为道德所谴责，而在商业利益的驱使下，迷失了部分人的双眼，使其丧失了公平、诚实守信的道德伦理价值，危及着我国的市场经济的健康有序发展。国家将这一本应由人们内心道德良知来调整的行为转化为法律要求，在刑法中规定了相关恶意欠薪的条款，以引导人们正常的生产经营，规范好我国的市场秩序。其二，将法律要求吸收为道德规范，即法律的道德化。就是将部分法律规范转化为道德规范要求，使法律成为人们自觉遵守的道德的一部分。法律是外在的可操作的社会规范，而我国现行法律制度的整个实施过程中，在立法、执法、司法和守法、监督中要求参与的法律人有着正确的道德观，立法的内容充满道德底蕴，执法者要具有秉公执法、不徇私情的道德素质，司法方面要按照法律面前人人平等的法律要求公平适用法律，而善良的守法者更是社会正义的一种象征。从道德和法律的起源来看，法律源于道德，又独立于道德，从历史趋势上宏观来看，法律终究趋于道德，这是一个从肯定到否定再到否定之否定的一个无限漫长的历史过程。每个时代都会根据社会自身的状况将不再任意践踏的行为规范和不再具有根本重要性的法律吸收转化为道德。当然不论是道德吸收为法律还是法律吸收为道德，都要秉承一定的吸收转化原则适度地转化，以禁止道德法律互化的泛化。从而成为人们获取幸福的有力手段，使人们生活在充满公平正义、明礼诚信、爱国守法的社会氛围之中，使人们在创造精神生活条件和物质生活条件的实践中有德可循、有法可依，获得精神上的满足，使个人的理想更好地实现，社会的秩序更和谐。

二　道德与法律在实施中相互凭借

道德与法律作为社会规范的重要组成部分，作为调控社会系统的主要工具，是良好社会秩序的两根重要支柱，治国安邦既需要德治也需要法治，为此二者相互作用是必要的也是必然的，实施过程中二者相互凭借，协调发展才会形成和谐社会发展的合力。道德与法律实施上相互凭借得益于二者能够互相促进并立互补，作为人类社会一定经济基础关系上的共同上层产物，法律归属于社会制度方面，道德归属于社会意识形态方面，成为调整社会关系及人与人和人与自然之间的重要机制，调控中两者各有所短也各有所长。

首先，法律作为制度性规范，依靠国家机器充分体现它外在的强制性和他律性的力量；道德作为一种非制度化的规范，依靠人们内心的信念、是非观念彰显它内在的自觉性和自律性的力量。其次，在发挥作用方面，法律往往是在行为发生产生危害结果后；而道德则在行为发生前就会起到监督引导或抑制的作用，在整个行为过程中进行感化、激励和引导。最后，道德和法律的调整范围也是相互补充的，道德调节的更多的是人们内心信念方面的，如个人情感、职业素养等，而法律代表着国家的强制性，调整的更多的是政治关系、经济关系，对政治经济秩序给予有效的保障，调整的往往是大的社会关系或尖锐的严重的矛盾，而法在社会生活中是不能完全触及所有边际的，所不能及的领域，不能调整的社会关系一般由道德来调整。也就是说，有些社会秩序和社会关系只能由法律来予以调整，由国家机器保障监督，违反了将要追究其法律责任；而有些社会关系和社会秩序则由道德来调整，依靠内在的良心和社会舆论来维系，违反了道德习俗则将受到道德的谴责而不是法律的制裁。道德和法律在社会生活中的有机契合使良好的社会秩序得以有效的保障和维持。不论是对社会关系的调整还是个人行为的调节都要以道德和法律的相互凭借为基础，必须依靠二者自觉性与强制性的结合，自律性与他律性的统一，才会形成外在与内在的统一与和谐。

当代中国的道德与法律作为人民性与文明性的集中体现，充分彰显着公平、正义、秩序的价值内核，在社会治理控制中，法律以道德为基础，道德以法律为保障，有如一个人的左右手，二者相互协调，不可偏废形成合力才可真正趋于实现理想的社会秩序之状态。然而当下我国正处于社会转型，体制转轨的一个矛盾多发的时期，人们的主流价值取向并未完全统一，单纯地依靠传统的道德权威很难对社会进行有效控制，也不能完全指望个人通过道德修养的加强来自觉践履其个人道德义务。单纯地依靠法律的强制性，进行法律制裁有时不但不会化解矛盾反而会加深激化矛盾，独法难行。为此，我国在不断完善社会主义法律体系的情况下也在不断加强社会主义公民道德素质工程的建设，通过有声媒体电视、广播和一些纸媒营造良好社会道德风尚的氛围，不断贯彻公民道德建设实施纲要。

国家在治理社会中既注重德治又注重法治，尤其是在矛盾尖锐的法院案件诉讼中更是依赖着道德与法律的相互凭借作用来定纷止争，使公平正义回归于社会，回归于个人。法庭中矛盾纷争的各方之间都互认为具有不可调和的矛盾，而这一切矛盾的焦点最终是要靠人民法院的判决书来判决结束的。通常情况下，不论是刑事判决书还是民事判决书一般都包括首部、事实、理由、判决四个大部分，有着严格的制作要求。而笔者认为理由部分则是判决书中的重中之重，它承载着判决书能否使案件各方参与人心悦诚服地接受和理解判决结果的重要职能，是否能起到化解对立情绪和矛盾的重要作用，能否有效防止上访缠诉的发生。民事案件的判决书中的理由部分则根据原告的诉讼请求及其理由和证据以及被告的辩护意见和所提供证据来由法院审理查明，依靠其认定的事实和证据，写明判决的理由并写明判决的法律依据；刑事判决书中的理由部分则根据查证属实的事实、证据和有关法律规定，论证公诉机关指控的犯罪是否成立，被告人的行为是否构成犯罪、犯的什么罪、应否从轻、减轻、免除处罚或者从重处罚。对于控辩双方适用法律方面的意见，应当有分析地表示是否予以采纳，并阐明理由，写明判决的法律依据。不难看出一份判决书就是道德和法律相互凭借的完美作品，理由部分就是在鞭辟入里、深入透彻地摆事实讲道理，就是一种德，判决书的正义性也正体现于此，每一份判决书都要使当事人感受到蕴含着丰富的公平正义的力量，通过每一个步骤，严密的逻辑推理，理清案件的思路最终推理出正义的审判结果，以使当事人息诉服判达到社会安定和谐的局面。每一份判决书的制作都是一份道德说理的过程，都是一份法律精神弘扬的过程，更是二者相互凭借的过程。判决书的制作就如同数学的方程式求解，是一个严密的推理过程，未知数 X 就是案件的诉讼审判结果，而其中求解过程中依赖的公式函数则为道德，整个辩法析理的推理过程就是二者相互凭借以彰显道德和法律理性的过程，一步步地求解，一步步地验证反思推敲，就是一步步地靠近正义，就是一步步地论证法律的道德合理性，就是一步步地论证德法互济的正确性，更是一步步弘扬德法精神的过程，不断增强人们的德法意识。从而使社会各界筑牢公平正义的根基，从而更加推动道德与法律良好的相互作用，形成德法互济、社会和谐、国泰民安、人民幸福的社会局面。

三　道德与法律在功能上相互补充

道德与法律作为构建和谐社会，使人们行为向善的两大规范系统，虽然是不同属性的社会行为规范，但在调整社会关系方面两者在其功能方面却相互补充。道德的作用主要是通过内心修养素质、社会舆论督促和风俗习惯驱使来对人们的行为进行规范调整以及诱导，因而道德在家庭生活、社会职业中影响深远而广泛。当然道德也有其自身的局限性，在对抗性的严重的社会矛盾中，对严重危害社会、集体、他人利益的行为只能谴责而不能进行强制的制裁。法律则恰恰相反，它明文规定什么是可以为、什么是不可以为，在解决大的严重的社会矛盾中依靠国家强制力为后盾，既有评价、引导的作用，更有防范、惩罚的作用。但是法律也不是万能的，因为法律的外在强制性并不一定使社会大众心理完全信服，获得广泛的心理认同，而这种广泛的心理认同则根源于伦理的道德内在强制力量。为此只有道德的内在性因素与法律的外在性因素在功能上相互补充进行同构和融合，才能更好地实现实质性的和谐社会。

因此，我们要建立相应的机制以实现道德与法律在功能上的互补。第一，建立以德促法的机制。具体包括三个方面：一是以道德指引立法活动。社会主义依法治国的法律是必须反映社会主义发展的客观规律并代表广大人民利益的法律，必须是合乎公平、正义、理性的法律。要制定这样合理性的法律，从立法程序和参与制定人员上都要以正确的马克思主义的道德观为指导，将社会中最为重要的道德规范引入法律规范当中，即道德以法律为延伸，以法律为动力。在一个法制不断完善的国家，只有立法具备了伦理道德的指引、道德的规范、道德价值标准的支撑，人民大众才会发自内心自觉地遵循法律制度，法律的权威才会得以确立，和谐的社会秩序才可以建立。二是保障执法者的道德能力。法律作为外在的可操作性规范，它无法自行地调整社会关系，规范人们的外在行为，执法作为动态的法律运行过程要完全借助于执法者的活动来予以贯彻执行。执法者在具体执法过程中的行为就代表着公平、正义、秩序的道德观，为此法律价值的实现程度则要取决于执法者道德素质的高低。因此，在法制建设不断完善的今天，我们要在法治建设的层面弘扬正义的理念，着手执法者伦理制度的建构，倡导正义执法的价值追求，具体表现为坚持执法为民的基本理念，秉承公平、正义的价值追求，不断研究执法的伦理本性，加强执法道德建设并关注执法者自由裁量权的运用，塑造良好的执法伦理精神。三是制约守法者的道德心态。一个国家的法律实现状态取决于守法者的道德状态，守法既是一个公民的道德义务更是一个公民的道德责任，法律要求守法者在其规定范围内要积极地行使法定权利并认真履行法定义务。健康正确的守法心态是良好的道德要求在人们内心的积淀和反映，其内容实质是对法律的敬畏感和对遵守法律的义务感及对违反公平、正义的羞耻心。简单说，法律通过利用其强制力迫使人们就范或对违法行为进行处罚，但它不能保证每一个人在任何时候都是一个守法者，唯独有道德的知耻心才是守法最持久、最深厚的力量。法律"治标不治本"，"治端不治始"，需要通过道德弥补其不足。而当下最为关键的是从观念上坚定地树立起对正义之法的信仰和尊重，同时尽快改变人们心中将守法视为单纯外在强制力量的传统观念，要服从法律、维护法律，更要信仰和尊重法律。

第二，寻找以法促德的路径。在市场经济改革的大潮中，为有效避免金钱利益迷失伦理道德价值，必须加强道德与法律在社会管理中的配合，是中共中央颁布的《公民道德建设实施纲要》中提出公民道德建设的原则方针之一。即从管理和教育、外部制度的规范及制约和内在道德品质的培养等方面来加强道德建设，将道德的自律和他律有机结合起来，运用法律的、教育的、舆论和行政等多种手段，有效规范和引导人们的思想行动，提高全民的精神境界和思想道德水平。具体表现为普及道德知识和道德规范，坚持正确的舆论导向，树立正确的道德评判标准，通过广泛的道德教育，净化道德建设的社会环境，积极开展社会实践活动，促进人们养成良好的道德习惯。同时要建立健全有关的法律法规和制度，把公民道德建设纳入科学管理的社会轨道之中，优化社会道德环境，完善社会德育机制，营造文明向上的社会氛围，积极推进依法治国和以德治国的进程。

建立道德引领法律跟随，即道领法随的路径也是以法促德的重要途径。道德从宏观理念高度上给予指引，法律从制度层面层层条条地具体落实，是对以法促德的最为重要的体现，公平、正义、民主、自由都是道德观念价值，而无法量化执行，需要法律进行规范并执行才可落实到社会实践的点滴之中。发挥法律对道德的识别、监督、保障、批判功能同样是以法促德的重要途径。法律作为我国社会主义道德建设的助推器，从法律的精神价值看，可以运用效率优先、契约自由、权利本位的现代法治精神来教化和培育人们，从而形成良好的义利观，形成良好的经济生活和社会生活规范，最终使人们将法律精神的价值、意志、知识等融入物质建设和精神建设的日常生活之中，在他律的引导调控下将自己塑造为自在、自为、自觉、自律的人。从法的作用功能看，它通过自身的教育、指引、规范、惩戒等社会功能来促进道德意识的觉醒，良好道德规范行为的养成，最终达到理想道德的实现。

历史与经验表明，法令弛则国乱国衰，法令行则国治国兴。保持社会安宁和国家稳定，最靠得住、最根本的措施是实行法治。原因在于，法律最具唯一性和统一性，规范明确，具有普遍的约束力；法律最具连续性、权威性和稳定性。因此，在维护社会秩序、管理国家事务、实现国家职能方面，法治的主导作用是不容置疑的。但是我们强调法律至上，并非主张法律万能从而忽视道德建设。我们知道，在有些西方国家，由于过分强调法律这个社会调控体系，从而致使道德等社会控制力量的削弱，导致出现"社会法律化"，过度依赖法律的现象和道德冷漠的社会现象，从而造成一边是道德沦丧的局面，另一边是高度的法律化的局面。对此，我们应引以为戒。①

第二节　国家治理现代化中德法互济的路径选择

道德与法律作为调整人类社会的两大基本社会规范系统，二者之间通过内容上的相互吸收、实施上的相互凭借、功能上的相互补充来相互支持、相互作用，以期对社会实施有效管理。在二者相互作用的

---

① 高中权：《论法律与道德的冲突及融合》，硕士学位论文，华中师范大学，2003 年。

过程中，存在着过分强调以伦理道德秩序为主导控制模式的，也存在着过分强调道德法律化、情理与法理之间的矛盾。为此，我们必须采取积极有效的措施来保障德法互济的实现，使法治和德治在国家治理中相互补充、相互促进、相得益彰，推进国家治理体系和治理能力现代化。

一　坚持道德滋养法治精神，强化道德对法治的支撑作用

德法互济在实践中要强化道德对法治的支撑作用。坚持依法治国和以德治国相结合，就要重视发挥道德对法律的支撑作用，为全面依法治国创造良好人文环境。要在道德体系中体现法治要求，把社会主义核心价值观贯穿法治建设中，发挥道德对法治的滋养作用，努力使道德体系同社会主义法律规范相衔接、相协调、相促进。

（一）完善中国特色社会主义法律体系，全面贯彻社会主义核心价值观

坚持依法治国和以德治国相结合，实现二者相辅相成，全面贯彻社会主义核心价值观是实现依法治国和以德治国有机融合的关键内容，要实现国家治理的法制化德育化，就要大力进行思想道德教育，将思想道德观念植入人心发挥其教化作用。同时，要以道德准则支撑法治文化，用社会主义道德观念滋养法治理念，大力践行社会主义核心价值观，积极培育公民的个人品德、家庭美德、职业道德以及社会公德，同时努力继承和发扬中华民族的传统美德。

党的十八大指出，要积极培育和践行社会主义核心价值观，倡导国家和谐、民主、文明、富强，实现自由、平等、正义的法治国家。这是发展中国特色社会主义的必然要求，是中华民族传统文化及人类文明得以继承的基石，是凝聚全党全社会共同智慧做出的重要论断。

完善中国特色社会主义法律体系，全面对法律法规进行立、改、废、释，必须认真贯彻社会主义核心价值观的基本要求，充分发挥社会主义先进道德的导向作用。法治是治国理政的基本方式。要推进科

学立法、严格执法、正义司法、全民守法，坚持法律面前人人平等，保证有法必依、执法必严、违法必究。完善中国特色社会主义法律体系，立法工作在重点领域要加强重视，同时积极拓宽人民有序参与立法的途径。

宪法的规定成为国家和民族自觉的价值追求。这一宏伟目标和价值的实现必须有赖于治理国家的方式方法，而依法治国是党领导人民治国理政的基本方略，法治是党治国理政的基本方式。因此，法治的治理方式对富强、民主、文明、和谐的宏伟目标和价值的实现具有重要影响。长久以来，法治是民主政治的基础和保障，独立于法治的民主不能算是真正的民主，是法治以法律的形式明确了人民当家做主的真正民主地位。

法治对人民行使民主权利具有指明方向的作用，同时对社会主义民主的实现具有保障作用。在衡量文明程度中，法治是人类文明发展进步的重要标志，在人类发展的历史进程中法治的发展伴随其中，法治的发展促进了文明的发展。

法治之所以可以看作基础性的核心价值观，一个重要原因就在于法治是一套规则治理体系，其对于利益关系的调节作用是不可替代的。在当前的社会中人们的思想多元化，观念普遍存在差异，但在法治国家里人的行为必须受制于法治规则，国家社会运行的正常秩序才能得以维持，才能为改革开放的发展之路提供稳定的社会环境，才能使得国家和民族的价值目标实现。因此，培育和践行法治，当务之急是推动中国法治建设。由于受文化传统和历史观念的影响，当前出现了立法不科学、司法不公、执法不严、人民群众法律意识淡漠等非法治的现状，同时领导干部运用法治思维和法治方式的能力不足，对于担当培育和践行社会主义核心价值观的重任存在一定的困难。由此可以看出，推进中国法治建设，使法治成为推动社会主义核心价值观践行的基础力量，必须真正实现科学立法、正义司法、严格执法、全民守法用法。

（二）加强公民思想道德建设，增强法治社会的道德底蕴

人们对法律蕴含的道德价值的认同，才使得法律得到人们的认同，思想觉悟的提升促使人们遵守法律。从这一角度出发，可以看出较高的道德水平是建设法治社会的重要基础和前提。一方面，要深入挖掘中华优秀传统文化和世界优秀文化的思想精髓和道德精华，继承和弘扬中华传统美德，使其成为社会主义道德不断发展的重要源泉。另一方面，要深入落实公民道德建设工作，重点对社会公德、职业道德、家庭美德、个人品德进行建设，强化法律规则意识，倡导契约精神，弘扬公序良俗，引导人们自觉履行法定义务、社会责任、家庭责任。

为人民服务是党和政府的宗旨，是社会主义道德的集中体现。集体主义是社会主义道德的核心，是调节国家利益和个人利益的重要原则。在发展社会主义市场经济中，倡导全体人民弘扬为人民服务和集体主义的精神，提倡尊重他人、关心他人、热爱集体、心系公益事业，并且扶持帮助贫困居民，全力贯彻为人民服务和集体主义的精神。同时，在进行市场交换过程中，对商业企业和个人的依法保护，并通过国家发布的各项优惠政策鼓励合法经营以及努力生产劳动获取合法的经济收益。由此通过思想道德建设引导公民对自身行为负责，明确自身社会责任，在利益冲突发生时，正确处理好个人、集体以及国家三者之间的关系。

道德模范是社会主义思想道德建设的一面重要旗帜，国家和社会对道德模范的高度重视，是切实加强道德建设的重要路径之一。深入开展学习宣传道德模范活动，通过其先进事迹的宣传，大力宣传和倡导社会主义正能量，在日常生活中践行基本道德规范，积极培养社会荣辱观、弘扬正气、热于奉献、文明和谐的良好风尚。通过对道德模范的充分肯定，激励人民群众崇德向善，并鼓励全社会成员积极追求真善美，积极促使各级领导干部明确、坚定马克思主义世界观、人生观、价值观，凝聚全国各族人民强大的精神力量，以良好的思想道德素质为有力支撑，努力实现中华民族伟大复兴的中国梦。

在社会主义道德风尚的形成、发展以及巩固的过程中离不开思想道德建设以及法治建设的作用。社会主义法治实质上是对人民意志的集中反映。为了增强民主法治观念，国家需要对全体人民进行遵守宪法和法律的教育，积极普及法律常识，公民的权利意识和义务意识得到提升，依法维护自身的合法权益，依法规范自身行为，依法履行公民义务。加强社会主义道德建设，为法治建设提供道德支撑。

二　坚持法治体现道德理念，强化法律对道德建设的保障作用

德法互济在实践中要坚持法治体现道德理念，把道德要求贯彻到法治建设中。以法治承载道德理念，道德才有可靠制度支撑。要加强法治教育和道德教育，增强法治意识和道德自觉，树立鲜明道德导向，弘扬美德义行，同时强化法律对道德建设的保障作用，使社会主义法治成为良法善治。

（一）加强法治教育和道德教育，增强法治意识和道德自觉

法律对德治的保障、道德对法治的指引都是从制度层面讲的，对于德法互济而言，这些都是表层的，公民的道德意识和法治意识才是德法互济的内核。因此，实施德法互济的治国方略必须不断提高公民的道德意识和法治意识，使公民树立崇法信念、形成道德自律。而公民的崇法信念和自律意识的形成基础在于教育，关键也在于教育。

德法互济必须加强公民的法治教育和道德教育。这是德法互济的最佳切入点。那么，如何对公民进行法治教育和道德教育呢？第一，要认真制订切合实际的普法和普德宣传教育计划，要把法治教育同社会主义核心价值观的学习教育活动紧密结合起来，同爱国主义、集体主义、社会主义思想教育及社会公德、职业道德、家庭美德教育有机结合起来。第二，要健全法治和道德宣传队伍，扩大道德宣传网络。第三，要充分发挥报纸、广播、电视等媒介的作用，扩大普法与普德宣传阵地，形成强大的宣传舆论声势。要广泛开展送法、送德入户活

动，在创建文明城市、文明村镇、文明行业、文明社区、文明单位等群众性精神文明的活动中，始终贯穿思想道德教育和法治教育内容，使广大公民在大量的道德实践和法律实践活动中受到道德和法治教育，促使广大公民学法、懂法、用法和知德明礼，逐步在全社会形成讲道德、实践道德和重法守法的良好风气。第四，要充分发挥家庭、学校、单位和社会在公民思想道德教育和法治教育中的作用，把四者紧密结合起来，相互配合，相互促进，其中要突出加强社会教育，巩固家庭教育、学校教育、单位教育的成果，促进公民道德教育和法治教育的深化。

法治教育和道德教育的目标就是要增强公民的崇法信念和自律意识。崇法信念的具体表现就是一种规范意识。即做人、做事要处处遵守规范。这既是国家各项法律、法规赋予公民行使权利的规范，又是要求公民承担其个人对他人、社会、国家应尽责任的规范。公民的规范意识具体表现在：首先，公民应自觉认同和尊重法律、法规，旨在维护社会秩序、保障正义、促进效率和实现自由。其次，公民能够自觉尊重法律和遵守法纪，法律、纪律即使与公民个人意愿相悖，也应自觉遵守。最后，公民应自觉按照法定程序行使权利，依法抵制和监督一切违法行为，以维护法律的尊严。公民有了规范意识，就会比较容易形成遵守法律的良好习惯，就会崇尚法律、相信法律、敬重法律。

道德自律是公民道德意识的最高境界。"道德的自律性是指道德主体能把社会的道德要求同个人的内心信念，主体自觉结合起来，自己为自己确立行为的准则并能自主自愿地遵从奉守，他们履行道德义务已经不是某种勉为其难的不得已，而是出自完善自我、发展自我的内在意愿。"① 从根本上说，法不是只靠国家来维护，法的秩序没有法律关系主体的道德自律和对法的信仰是不能维护的。美国著名的法哲学家伯尔曼提出："法律只有在受到信任，并且因而并不要求强力制裁时

---

① 魏英敏：《新伦理学教程》，北京大学出版社 1993 年版，第 262 页。

候，才是有效的……真正能抑制犯罪的乃是守法的传统，这种传统又植根于一种深切而热烈的信念之中。那就是法律不仅是世俗政策的工具，而且还是生活终极目的和意义的一部分。"① 实际上，法治本身就有很高的道德诉求，道德自律精神是现代法治国家本身的内在属性。任何他律只有转化为自律，才能有效地发挥作用。公民将法律的规定转化为自己的自觉自愿的行动，需要个体主观的积极努力，并形成履行义务的强烈责任感和使命感，只有在这种道德心理状态中，人们才会形成一种内心信念和意志，才会自觉遵循法律。当遵循法律成为人的自觉需要时，法律对人的他律就变成了人的自律和自由。建立在对法的信仰上的道德自律，不仅仅是自我约束和自我限制，更重要的是体现了人对人类社会自身更加文明进步的企盼和要求。因此，道德自律是公民意识的最高境界，也是法治建设的最高形式。②

（二）协调法律与道德的结构对应性和层次衔接性，运用法治手段解决道德领域的突出问题

首先，从道德体系和法律体系的结构上看，道德与法律两者具有对应性。我国当代社会主义道德体系系统较为庞大，可以分为国家伦理、公共道德、职业道德、家庭美德和个体道德等体系。这五种体系在社会主义道德关系的主体、内容和后果方面均体现不同特点。因此，在构建社会主义法制体系中，应当坚持与道德体系一一对应的原则、相互协调的原则，以恰当的体系结构和内容安排与其相和谐。具体而言，应当以公法行为分别对应国家伦理、公共道德和职业道德等行为，使具有公共性的道德规范体系建设支持和扶助公法领域内的法制建设；应当以私法领域内的法制建设来对应个体道德建设，以便在家庭美德和个体道德的支持下实现私法领域的法治秩序。其次，从社会主义道

---

① ［美］伯尔曼：《法律与宗教》，梁治平译，三联书店1991年版，第43页。

② 王红：《我国"德法合治"的理论与实践研究》，硕士学位论文，首都师范大学，2009年。

德体系和法律体系的层次上看，两者具有衔接性。一般说来，社会主义道德体系内含共产主义道德觉悟层次（无私奉献、一心为公）、社会主义道德觉悟层次（先公后私、先人后己）、一般道德觉悟层次（顾全大局、热爱国家、遵纪守法、诚实劳动）等三个层次。因此，在构建社会主义法制体系的过程中，应当借鉴各国法制建设的成功经验，社会主义法律规范的设计应以上述第三个层次的道德觉悟水平作为标准和界限。反之，如果立法标准过高，就会造成法律苛严，违法者众多；如果司法或执法标准过低，就会导致法律丧失权威性，同时也会造成人们的道德水平下滑。只有这样才能在与社会主义道德层次保持衔接性的同时，维护法律的权威性。

按照道德适用的领域来看，社会主义道德规范体系包括社会公德、职业道德、家庭美德等三个方面。分别与人们的公共行为、职业行为、家庭行为相对应。社会主义道德建设应当依此与法律规范建设相协调，始终贯彻尊重法制权威，使遵守法律规范的思想内化到公民心中，转化为不同的道德行为。只有在实践中落实德法互济的理念，才能真正意义上实现道德与法律的和谐共融。具体做法是：要求各行业从业人员奉公守法、依法办事；广大公民积极参与公共生活、维护公序良俗；家庭成员遵纪守法、互敬互爱。社会主义道德建设应当注意在道德选择、教育、评价、修养等具体环节上与社会主义法律规范相协调；社会主义法制建设应当在立法、司法、执法、守法等具体环节上为社会主义道德建设添砖加瓦。一方面，在道德建设的这些具体环节上，要注意结合法律意识培养、法律价值选择、法制教育、法律评价、法律修养等法制建设工作来进行，以收事半功倍之效；另一方面，在法制建设过程中，要始终注意法律是最低意义上的道德，要使广大公民知晓在行为合法的前提下，还有值得不断追求的更高的行为目标——道德。

在全面依法治国的背景下，对道德领域发生的突出问题，不能单纯依赖道德教化和舆论谴责，关键还要依照法律法规，采取有效措施，对失德、败德者进行惩戒约束，对违法犯罪者进行严厉打击，充分发挥法治手段在解决道德领域突出问题中的作用。一是加强社会法的建立，减缓法律滞后性带来的危害，发挥法治作用。立法手段能够在伦理道德和日常生活之间建立一个"合法"的缓冲地带，而且唯有这种缓冲地带才能为整个社会带来开放的机能，使政府的政治措施得以合适年代的需要，个人独创精神也得以发挥。立法过程中，更重要的一点是需要有具体可执行的规范和标准，使其更具可操作性，以免过于流于形式，削弱法律的执行力。把道德领域的一些突出问题纳入法律调整的范围，加大执法、司法工作力度，弘扬真善美、制裁假恶丑。同时，削弱法律的滞后性，提高法律的可预见性，这样才能将有关道德规范上升为法律，切实发挥法治在解决道德领域突出问题中的作用。二是将失德行为纳入法治惩处范围，加大对失德行为的惩处力度。亚里士多德曾说过："法律的实际意义应该是促成全部人民都能促进正义和美德的制度。"面对当前道德滑坡的社会现实，需要发挥法治在解决道德领域突出问题中的作用，以法治的方式引导人们自觉履行法定义务、社会责任、家庭责任。我国公民道德方面存在的不少问题，与法治意识淡薄不无关系。如中国式过马路已经成为中国人不守规则的代名词。这种道德的不自觉大大加重了维护过马路规则的成本，甚至与交通协管员发生正面冲突的事件屡见不鲜，可见中国部分公民的守德行为的自律性已经差到极点。所以，在面临这种道德失衡的局面，势必加大对其法治惩处才有可能引导公民踏入社会公序良俗的正常轨道。同时，对惩处的力度一定要明文规定，对失德行为的行政处罚和罚金处罚，以及相对应应该承担的民事责任都要有明文的规定。不能再存在灰色地带和模糊区域。三是发挥单位人事管理的职能，开展道德领域突出问题专项教育和治理。把加强道德教育和依法解决问题、健全制度保障结合起来，让违法行为不仅受到法律制裁，也要受到道德谴责。重要的一项就是将道德教育引入单位人事考核机制。道德教育纳入人事考核机制，应该遵循公务员和事业单位先行的原则。公务员和事业单位人员具有普通公民和国家公职人员的双重身份，不仅要遵守普通公民应该遵守的社会基本行为准则，而且要模范地遵守。国家工作人员在社会公共事务服务过程中表现出的道德素质，在很大程度上代表和影响着整个社会的道德水平，他们的行为举止在公众心目中具有一定的示范和导向作用。国家工作人员应当以身作则，模范遵守社会公德，促使社会主义道德在全社会蔚然成风。总之，发挥法治在解决道德领域突出问题中的作用，以法律的铁性原则规范、制约公民个人的行为，有效地遏制失德、失范行为，为道德治理提供有力的法律保障。由此，德法互济，惩恶和扬善结合，这就显示出法律既有冷冰冰、惩恶扬善的一面，也包容着公平、正义、天理和人情，既区别于道德教化调节，又补充于道德教化调节的温情效应，因而依法治国也就凸显出铁性原则和温情特质的两重属性。

三　唤起公民善良意志，提高法律人的道德能力

任何国家和社会都存在社会控制，没有社会控制就无异于自我毁灭。尽管在不同时代、不同国家，会有不同的控制模式，但都是通过适当手段来实现既定目标的过程，其核心是建立合理有效的社会秩序。社会现实表明，单纯以伦理秩序为主导的控制模式是不可行的，而忽视伦理秩序，过分地"社会法律化"，也是不可行的。促进当代中国德法互济良好相互作用的内在因素则为唤起广大民众的善良意志，提高法律运行主体的道德素养。

（一）唤起社会主义公民的善良意志

我国自古代就形成了法律即刑与惩罚的实证法文化传统，法律似乎外在于人们的生活而被迫强加于人。中国传统文化中虽有对"天"的信仰，而天的信仰对法律的渗透和影响关乎极少。在中国历史的农民革命中，"天"除了为新的政权提供了合法性外，在法律传统的发展中没有留下未来的发展空间和想象力，更没有产生使人尊崇的情感。从中国历史传统中发现法律的形成就是法律工具主义的传统，使人们

不信任法律乃至不遵守法律。我国当下最要紧的是如何培养人们对法律的信任感和守法精神，而其中的内在路径则必须到道德中去寻找，确立道德信仰，使道德成为人们心目中的绝对命令。

按照康德的观点，道德律令是一种不必借助人的知性就存在的先天的规律。尽管人具有实践的纯粹理性，但是由于受到环境或生活诸多的影响，而很难具体发挥作用，即道德本身极容易导致堕落。所以，一项行为要成为道德上的善，仅仅符合道德律令是不够的，它必须为了道德律令而行为。道德律令作为任何有理性者都适用的原理，对于有感性存在的人而言，就是一种无条件的、强制性的、必须服从的"绝对命令"。不以实现某种目的作为条件的命令就是绝对命令，它不涉及行动的内容或者其预期的后果，而是涉及行动的形式及其原则，这本身已是结果。绝对命令不受任何条件的限制。道德律令之所以具有这种绝对的、无条件的力量，就在于它是来自纯粹理性，是纯粹理性的实践力量。人们对源自纯粹理性的道德律令的绝对服从就是善良意志。康德指出："只要善良意志还存在着，那么它就像宝石一样，仍然靠自己的光而闪烁，它是本身即具有其全部价值的东西。这种价值不会因为它有用或者无用而增加或减少。"因而善良意志的价值正是在于，它的决定纯粹以理性为根据，它对理性所提供的道德律令无上尊崇，从而把客观的普遍原则转化成了主观的实践原则，这就要求完全不考虑个人的欲望、不顾利害地遵从律令。对于人，遵从道德律令是义务和责任，理性的律令俨如命令。

康德所要求的道德绝对命令和善良意志，在笔者看来，是我们可以借鉴和利用的。因为每个人都具有善良意志，即使一个坏人他也具有善良意志，只是由于周围的社会环境使他丧失了善良意志而选择了非道德行为。人们能够遵从道德是其善良意志起作用的结果，可以说，凡是好人，就是因其善良意志没有泯灭而自觉地选择了道德的绝对命令或道德律令；而所谓的坏人，则是因为某些社会环境使其善良意志丧失而选择了不同的道路。在我国当下，最紧迫的当是如何使人们具有善良意志。既然每个人都具有善良意志的潜质或本能，只是由于周围的社会环境改变使某些人失去了善良意志，所以我们就应当努力改造我们所处的社会环境，让人们的善良意志得以固化或恢复。"人们具有的善良意志是道德服从或法律服从的内在条件，人们只要具有善良意志，正如康德所说，它自身就会像宝石一样自己发光，即使没有外在的法律约束，也会遵从道德律令，一个好人无论有无规则的限制，他都不会违背道德律令和法律之类的规章制度，因为他可以依靠其善良意志就可以做到自律和他律的统一，使道德与法律相互作用的立足点落在伦理秩序与法律秩序的有机契合上。"① 善良意志使仅凭直觉、情感和良知为基础的伦理秩序通过理性角色的认知，注入理性力量从而有效促进伦理价值的制度化；这样，我国社会主义的良好社会控制模式才能有效确立，当代中国道德与法律才能沿着更好的路径发生良好的相互作用。所以，社会成员有无善良意志以及具备善良意志的程度对于遵守道德和法律尤其二者的互济是至关重要的。

（二）提高法律人的道德能力

道德与法律相互作用的领域大部分发生在诉讼案件当中，通常情况下诉讼案件会引起社会上较大的轰动效应，法律人作为纠纷解决的关键参与者，其驾驭道德与法律的能力，直接影响到人们对道德和法律的价值信仰，因此以法律为职业的人员要深谙道德和法律之道。一般讲，道德与法律的内在关系分为三种情况：一是合法又合道德；二是合法不合道德；三是合道德不合法。而道德与法律的矛盾和冲突发生在第二、三种情况中，其更是道德与法律相互作用的情况。道德的正当往往是法律正当的基础与前提，但是，法律上的正当并不必然意味着认可道德上的正当，当两者发生矛盾和冲突时，我们在感情上可能会更多倾向于道德，但理智上则应当尊重法律。然而，真正这样做

① ［德］康德：《康德的道德哲学》，牟宗三译，西北大学出版社 2008 年版，第67 页。

的话，就可能会出现良心不安的问题。重庆市第三中级人民法院的一位法官就曾为自己办理的一起合法但不合理的案件深感良心不安。武隆县一居民因从摊贩处购买了 5 只已死亡的火鸡食用，被判处 10 年有期徒刑。从情理上讲，一般人都不知道火鸡是不是国家保护动物，甚至连办案的法官在没有查阅相关资料之前也不知道，国家也很少做这方面的宣传教育。但按有关司法解释和行政法规的规定，火鸡属于二类保护动物，捕食 5 只以上属于情节严重，根据《刑法》第 341 条的规定，最低刑为 10 年有期徒刑。法官最后不得不做出了合法但不合理的裁判。为此，有的学者指出："当法律与情理相通时，应当严格依法办事；当法律与人情冲突时，对法律原则及具体适用的法律条文，都应当作人性化的解释和运用，重新拾起固有法文化中'国法、人情'模式的合理性因素，以进行创造性的转化"；"在理法统一的情况下，坚持依法办事；在理法冲突的情况下，逐步建立、健全'引理入法'的机制，可以帮助我们全面而不是单纯地、辩证而不是绝对地看待法律至上。"① 笔者非常赞成这种看法，法官的判案自古就是一个自由裁量的过程，一个良心自由心证的过程。之所以设立法官，就是让法官在具体判案中，对法律不合理的规则进行消解。

　　无论是合道德不合法还是合法不合道德的情况，作为行为的参与者都无力解决这一两难，而该困难的解决更有赖于参与其中的法律人的道德素质，需要法律人的道德智慧来修补法律之缝，把不公的法律熨平。在法律人之中法官的作用尤为重要，他是最后裁决纠纷中的最为关键的一环。当道德与法律相互冲突时，唯有将评判的权力交给睿智、仁慈并具有良知的法官，通过道德与法律的相互作用，来化解道德与法律的冲突。西方法谚说："好的法官根据正义和公平判案，他宁愿选择衡平法而不是严法。"所以古罗马时期，具有"五大法学家"之

---

① 龙大轩、孙启福：《道德与当代法制建设》，南京师范大学出版社 2009 年版，第 399 页。

称的乌尔比安就把培养法律职业者看作应当知晓何谓善、何谓正义的技艺的人。他说:"我们耕耘正义,而知晓善与公道是什么,划分正当与不正当,区别合法的与非法的;希望通过惩罚的威胁,但也希望借助奖赏使人向善,追求一种真正的而不是僭称的哲学。"因此,笔者希望法律人能切实提高驾驭道德的能力,在实践中使道德和法律能够形成良好的融合,尤其在审理案件过程中,通过自由裁量,达到道德与法律的平衡,实现道德与法律良性的相互作用,最终充分实现公平正义,使人得以全面而自由地发展。①

四　加强法律运行的道德建设,树立法律信仰和道德信仰

在社会规范体系中,法律与道德作为两种重要的调整手段,从不同方面、以不同方式、通过不同机制对社会生活的不同领域发挥不同的影响和作用。在当今的社会转型期法律与道德的冲突会产生严重的社会问题,只有通过法律与道德的互动耦合,在立法、执法、司法、守法等各个环节上进行系统整合,加强法律运行的道德建设,用法律途径辅助道德的实现,才能实现德法互济。

(一)在立法上道德与法律合理分野,弘扬立法内容的道德公平

道德是法律的评价标准和推动力量,是法律的有益补充。但是,道德又缺乏法的刚性,面对严峻的现实又缺少足够的强制力,二者之间有着错综复杂的关系。事实上,有的道德要求只能停留在观念层面,而有的道德要求则被立法者写进了法律条文,表现为法的形式。也就是说,法与道德在立法上有个分野。但是这个分野不能由立法者根据个人喜好恣意妄为,是有客观规律的。法与道德有机结合,首先就要求至少在立法层面应该有一个明确的界分标准。具体来说,法与道德在立法上的合理分野,应该包括以下两个方面的内容。

----

① 王桐林:《当代中国道德与法律相互作用研究》,硕士学位论文,河北经贸大学,2013年。

第一，法律应包含最低限度的道德。在道德体系中，有的学者把道德分为两类：第一类被称为社会性道德。它主要是指社会有序化的基本要求，是起码的道德要求，也是较容易企及的。诸如避免暴力、杜绝伤害、尊重人格等均属此类。第二类被称为宗教性道德，这类道德要求比较高级，是出于促进生活的幸福和增进人与人之间的紧密联系的目的而设定的，诸如博爱、慷慨、富有爱心等都属于此范畴。前一类道德是最低限度的道德要求，法律必须将它充分吸收。没有道德基础的法律，是一种"恶法"，是无法获得人们的尊重和自觉遵守的。道德和法律都引导着人们的原则、规则和行为，但是在二者的关系中，法律制度在思想上必须是合乎道德要求的。可以说，道德是本源，很多法律制度本质上就是道德要求在现实条件下得不到有效贯彻而出现的一种特殊的表现方式。因此，法总是产生于道德之后，并按照道德的基本要求进行制度规则设定。因此，从最初产生的意义上说，法也就是道德要求的一种社会保证。从根本上讲，在立法上，法的制度和规则的设定过程也就是道德的功能和使命向法转化的过程。

第二，法要给道德留下必要的调整空间。法只是众多调整手段的一种，不可能调整所有的社会关系，况且有很多的社会关系根本不适合法律去调整。那么此时，就应该为法的调整范围有一个明确而合理的界定。首先，立法者应当树立一种意识，果断抛弃"唯法律论"，纠正法律可以调整任何社会关系这一谬误。即要充分认识到并非所有的社会关系都要由法律来调整。比如，婚外恋行为，如果以法律来强行干涉，可能效果适得其反，但是如果以道德的方式予以约束，则可能收到意想不到的效果。其次，立法者要果断抛弃"法律万能论"，纠正法律是任何社会关系的最佳调整手段这一谬误。同时，对于已经由法律调整的社会关系也并非调整方式的最佳选择。法律的调整手段是刚性的，是带有鲜明政治性的调整手段，而且其因涉及国家权力无可避免地具有严肃性。法律后果往往也具有确定性和公定力。道德的调整方式是柔性的，它可以从容调整任何社会关系。而且，以道德的方式调整社会关系更能够起到良好的作用，调整结果也往往更容易为人所接受。因此，对于那些不应该由法律来调整的社会关系，以及那些不适宜由法律调整的社会关系，就应当果断留给道德去调整。否则，矫枉过正，很容易出现新的问题。法律不能强人所难。法律是由人而定、为人服务的规范，它规范人的行为，指引人的行动。它归根结底要靠人来实施，如果法律规定的内容超出人的能力，根本违背人的本性，最终必然受到人们的抵制。①

同时，立法要弘扬立法内容的道德公平。公平是社会主义道德的核心内容。公平是指社会成员在人格与尊严上的平等，在生存权和发展权上的平等，在经济领域中享有同等的机会，在竞争中遵循同等的原则，再分配中能获得与其劳动相应的收入，公平是社会生活的底线，社会公平的实现对弘扬社会主义核心价值观具有重要的示范功能，社会公平的程度高低将直接影响人们的道德价值取向并进而影响在不公平感中对违法行为的选择。当前，我国虽已调整了公平与效率的次序关系，从"效率优先兼顾公平"转变为"效率与公平并重"，并已在着手"转变经济发展方式"，但社会贫富差距仍在加大，依然存在分配不公，如果相对被剥夺的道德情绪逐渐高涨，则违法犯罪现象就会随之加剧。党的十八大报告明确指出："必须坚持维护社会公平正义。公平正义是中国特色社会主义的内在要求。要在全体人民共同奋斗、经济社会发展的基础上，加紧建设对保障社会公平正义具有重大作用的制度，逐步建立以权利公平、机会公平、规则公平为主要内容的社会公平保障体系，努力营造公平的社会环境，保证人民平等参与、平等发展权利。"法律作为保障社会公平正义的重要制度，必然在制定过程中充分体现权利公平、机会公平、规则公平的基本道德内容，在立法过程中要充分重视和弘扬道德公平，要将道德的公平正义观念渗透到

① 闫璞:《从法局限性的三个维度看道德与法律的有机结合》，硕士学位论文，青岛科技大学，2012年。

具体的法律制度之中，在加快完善财政支出、税收和教育立法，再分配环节等方面实现真正的道德公平。①

（二）在执法上树立责权一致的观念，坚持法治与德治的统一

执法是享有行政权的行政主体贯彻实施法律的活动，是以国家的名义对涉及政治、经济、文化和社会公共事务实行全方位的组织和管理。道德价值通过法律规范在社会中充分实施才使得它的生命绚丽地绽放，而执法又是法律规范在社会最广泛、最普遍的实施活动。通过执法环节来辅助道德在社会生活中的实现是简单易行的方式。因此，执法是道德与法律关系融合的又一主要路径和关键环节，在执法上应树立责权一致的观念，坚持法治与德治的统一。

在社会主义现阶段，通过正义执法，惩治不道德行为，增强公民的社会公德意识、职业道德意识和家庭美德意识。我国在用来保障这些方面的执法行为有很多种：例如，通过严厉惩处、打击违法犯罪活动来增强公民的法律意识和社会公德意识；通过规范司法程序，严格执行司法审判制度来增强公民的监督意识，又可强化公务人员的廉政意识；严厉打击假冒伪劣商品活动，依法整顿行业秩序可以促进职业道德建设；依法惩处虐待老人、妇女和儿童的家庭暴力行为，可以促进家庭美德的培育。这些法律法规的执行，对社会主义新道德的建设起到了非常重要的保证和巩固作用。相反，如果对违背道德和法律的行为，仅仅靠摆事实讲道理，没有依法严惩作保证的道德教育，就不能起到增强人们对法律的信任和敬畏，也不能使群众增强对道德教育的认同，最终导致法律与道德相背离的不良后果。

另外，利用执法环节辅助道德的实现在很大程度上取决于执法主体的道德能力，即执法者道德水平的高低与执法质量的好坏有着直接的关系。实践证明，执法人员的合理合法、正义严明的执法行为，不

---

① 陈晓雷：《法律运行的道德基础研究》，博士学位论文，哈尔滨工程大学，2013 年。

仅把道德价值从法律规范中的蕴含状态转化为现实状态，而且对全社会还具有道德示范作用，其价值已远远超出了执法行为本身。因此，执法者在其执法活动中道德水平低下而导致执法环节出现的漏洞，其后果较之执法过程中的程序错误而导致的后果要严重得多，它直接影响执法机关的形象和法律的权威。因此，我们需要培养执法主体具备良好的法律职业道德，具有可行的道德能力保证，才能确保执法人员在履行法律职务过程中忠于职守、廉洁正义；才能避免执法人员在处理法律案件过程中徇私枉法、贪赃枉法。同时我们也必须认识到，这种道德能力的获得和提高，并不是法律职业本身所赋予的，而是依靠执法主体对职业道德要求发自内心的体验和认识，形成强烈的正义感、责任心和气节来维系的。①

（三）在司法上坚持法律意识和道德情操相统一，确保司法正义与道德公平

司法正义是国家机关依据法定职权的法定程序，具体应用法律处理案件的专门活动。培根说："一次不正义的司法判断比多次不平等的举动为祸尤烈。因为这些不平的举动不过弄脏水流，而不正义的判断则把水源败坏了。"② 培根把司法置于社会正义的根本地位。的确，一个制定得良好的法律仍然只是"应有"，它要转化为现实生活中的"现有"需要法律适用过程，这一过程的典型形式就是司法。一个符合道德的司法可以将立法的弊端降到最低程度。在司法环节中德法互济的具体路径是：第一，通过正义的司法审判活动，将蕴含法律规范中的道德价值内化为人民群众的道德信念。司法机关案件的审理过程和判决结果，乃至对严重违法行为予以严厉制裁。非常明确地告知社会公众什么是违法行为、什么是犯罪行为，什么行为将受到法律的制裁。

---

① 韩飞：《道德与法律关系辩证思考——论当代中国德法关系对立冲突及和谐共融》，硕士学位论文，沈阳师范大学，2009 年。

② ［英］培根：《培根论说文集》，水天同译，商务印书馆 1983 年版，第193 页。

而法律所制裁的行为也是不道德的行为。通过这种方式，可以将法律所保护的社会共同的道德信念昭然于世，以便积极引导社会公众追求健康、向上、高尚的道德理想。第二，对司法人员的道德约束。司法人员在审判过程中起着重要的作用，是实现法律道德价值的"重要防线"。对司法人员道德约束的基础和可能性在于司法人员是有理性的；对司法人员进行道德约束的必要性缘于其具有自然的任意性。如果由着司法人员的主观想法判案，必然难以实现法律正义。所以对司法人员的道德约束就尤为重要。因此，我们一定要对司法人员在理性的、"人与经验人"辩证统一的基础之上进行道德约束。第三，培养司法人员优良道德品质，提高司法水平和效率。我国当代社会主义法制建设，有赖于具有较高道德素质的司法人员，从而保证立法者正确立法，执法者廉洁奉公，严格执法；同时也是依法行使权力制约机制，加强对权力运行的监督，使廉政建设法制化的有效途径。用两千多年前的思想家孟子的话来说就是："徒法不足以自行，徒善不足以为政。"只有司法人员的素质与制度约束之间的良性互动，才能促成司法正义，也才能使道德与法律在较高层次上真正达到融合，二者紧密协调共同担负起对社会关系的有效调整。①

（四）在守法上树立法律信仰和道德信仰，培育社会主义公民的守法道德

所谓信仰是指一种高级的情感，也称认同，深度认同则构成信仰。所谓法律信仰，其实就是社会主体在对法律现象的理性认识基础上油然而生的一种神圣体验，是对法的一种心悦诚服的认同感和归依感，是人们对法的理性、感情和意志等各种心理因素的有机的综合体。只有深度认同法律才能形成法律信仰，进而才能自觉遵守法律。正如伯尔曼所言："法律只有在受到信任并且因而并不要求强制力的时候，才

---

① 韩飞：《道德与法律关系辩证思考——论当代中国德法关系对立冲突及和谐共融》，硕士学位论文，沈阳师范大学，2009年。

是有效的。"① 有学者主张，当代中国普遍缺乏法律信仰，正是由此才导致了违法犯罪的现象。而笔者认为，法律信仰的形成存在重要的道德前提，即法律是否充分涵盖并代表了公平正义、平等自由的道德精神，如果说法律本身能够全面涵盖并代表了中国现阶段主导性道德所要求的全部精神和内容，那么要求信仰法律不仅是必要的，也是应当的。无论是共产主义、儒家学说，还是个人主义、自然法则，任何一种社会都需要道德信仰的存在，当道德信仰本身需要借助于法律这种外在形式时，主张对法律的信仰，实际也就是主张对法律内在的道德精神和力量的信仰。人们从法制走向法律信仰的研究，本身也说明了人们看到了外在的法律制度之下内在道德精神的重要性，如果一定要说缺失法律信仰，不如说法律所蕴含的道德信仰的缺失。

处于转型期的当代中国所遭遇的正是道德信仰的危机，只有大力培育公民的社会主义道德信仰，并将其与社会主义法律紧密融合，形成对社会主义法律的信仰，才能进而实现积极守法，培育社会主义道德信仰的主要途径包括以下几方面：

第一，培育道德认知的自觉。公民信仰法律的前提是信仰法律所蕴含的道德精神。法律不仅仅是一种制度和统治工具，更重要的是法律本身隐藏着一种公平正义的价值、代表了一种理想信念和文化力量。只有从内心敬重法律、信仰法律，法律才能真正发挥作用。建立在公众对法律的认同及信仰下的心悦诚服才能更好地实现法治。应当使公众充分了解和认识法律内在的道德精神和价值理念，即法律是公平正义的化身，是良善的代表，只有通过法律和法律生活才能有效实现自身对秩序、安全、正义、自由、平等、幸福等美好事物的追求，认识到法治的理想在于制约权力、保护权利、实现利益，认识到法律是最高权威的规范标准和价值尺度。只有当公民对法律的遵守不是出于外在的强制，而是基于道德上的自觉时，法律价值的实现才获得了持久

---

① ［美］伯尔曼：《法律与宗教》，梁治平译，三联书店 1991 年版，第 28 页。

动力。当代中国如欲实现法治，必然要以社会主义道德的认知自觉为前提。

第二，培育道德情感的自愿。正义、秩序、效率，只有这些能唤起公民神圣情感的理念渗透到现实的法律中，才能树立法律的权威性，才能得到公众的认同和依赖。也只有这种能唤起民众强烈的感情要求和理性趋向的法律才能深入人心，民众将会加以崇敬和信仰。道德信仰本身就是一种高级的情感，道德信仰一旦形成，就会抛却对各种利益的考量与权衡，即抛却功利性的驱动，而达到一种本能的守法需要，将守法视为理所当然的发自内心的首要选择。道德情感的培育不仅有助于降低公民对法律的敬畏感，同时还会增强公民对法律的归属感，由于对法律中所蕴含的道德精神和价值理念的认同，人们自然会对代表这种精神和理念的法律产生由衷的信赖与尊重，进而对法律拥护。

第三，培育道德行为的自主。公民在对法律内涵的道德精神有了深刻的体验、感受，并自愿认同和接纳之后，必须会将这种认识和情感转化为现实的行动。公民道德认知和道德情感的提升，直接关系到守法的实现程度，公民只有以自觉和自愿为前提，只有认识上自觉、情感上自愿、行为上自主选择，才能达到守法的更高境界——积极守法。[1]

---

[1]　陈晓雷：《法律运行的道德基础研究》，博士学位论文，哈尔滨工程大学，2013 年。

结　　语

　　在法律与道德的关系问题上，古今中外思想家各有不同的看法。在国家治理模式的选择上，各国因历史传统、民族个性、文化思维、现实国情等因素的不同，对两者也采取了不同的取舍态度，或以依法治国为主，辅之以道德教化，或以道德教化为主，辅之以法律保障。但实际上，法律与道德之间具有不可分割的联系，它们都以追求公众幸福和人类社会的和谐为共同目标而相互之间形成互补，从而使德法互济成为当今民主、法治社会治国安民不可缺少的举措。在追求公众幸福、人民福利、社会进步、国家繁荣上，它们都以各自的优势在起着积极的作用。要真正实现依法治国，构建和谐社会，就必须以依法治国为标，以以德治国为本，处理好两者关系，使它们协调一致、相辅相成。以德治国，实质上就是确立有利于社会发展的社会价值观体系，以建立有利于国家富强与人民幸福的社会秩序；依法治国就是强调严格依法办事，强调法律的最高权威，并且要求法律是良法，是合乎道德理性的法。因此法治的要求、目的、价值追求和德治的要求、目的、价值追求具有一致性。但并不是只有法治与德治的共性才导致两者的互济，法治与德治的区别同样使两者具有互济的理论依据。法律和道德是两种不同的社会规范和控制力量，两者的区别是难免的。正因为它们的不同，它们才有了结合的可能，这种结合的可能就是两者的优势互补，只有把两者统一起来，才能形成优势互补。因此德法互济不仅是可行的，而且是必要的。

本研究试图在以下方面有所创新：

一是开拓新的理论视域。道德与法律之间关系在理论上并非新颖的学术论题，但本研究旨在国家治理现代化的视域下分析道德与法律之间的关系，将其放置在当下国家治理现代化的语境中赋予其崭新的理论生命力，凸显这一学术话语的现实必要性。本研究在研究视角上为德治与法治的结合打开一片新的认知视域，也为国家治理现代化提供建设性路径选择。

二是提出了德法互济的理论观点。本研究主要将法治与德治看作国家治理的基本方式，通过对两者关系的历史与逻辑考察，提出德法互济的观点。德法互济指的是德治与法治在国家治理的过程中密不可分，互相补充、相互配合，共同推进国家治理现代化。道德与法律既有区别又有共性，法律具有道德基础使德法互济成为必然，道德与法律的区别使德法互济成为必要，道德与法律的共性使德法互济成为可能。

三是提出了德法互济的逻辑起点和作用机理。德法互济的逻辑起点是正义。道德与法律在应当的价值追求上是统一的，正义是一种最低限度的道德，法律正义和守法正义是人们道德行为的底线，正义构成法律和道德在内容上的契合点和德法互济的基本出发点。国家治理现代化中德法互济的作用机理主要体现在：道德与法律在内容上相互吸收，在实施中相互凭借，在功能上相互补充。

四是系统分析了国家治理现代化中德法互济的现实困境。国家治理现代化中德法互济的现实困境主要有：道德与法律评价标准的冲突；规范的内容和特征上的冲突；道德与法律所追求的价值差异；道德的义务本位与法律的权利本位的对立；重礼轻法的传统文化与现代法治观念的冲突；传统道德演进与法律发展的不同步。德法互济现实困境的深层起因在于：道德的个体性与实质正义的社会性的矛盾；形式正义对实质正义的背离；人情与现代司法正义的矛盾。

　　五是提出了国家治理现代化中德法互济的系统化建构思路。国家治理现代化中德法互济的实现路径：坚持道德滋养法治精神，强化道德对法治的支撑作用；坚持法治体现道德理念，强化法律对道德建设的保障作用；唤起公民善良意志，提高法律人的道德能力；加强法律运行的道德建设，树立法律信仰和道德信仰。

　　由于时间仓促和本人学识上的浅薄，本书有些地方显得比较肤浅，还存在不足的地方。如何在现实面前把握好德法互济的度上还存在理论和实践上的困惑；如何以更高深的理论支持和实践创新来实现德法互济方面还有待于本人今后的进一步探讨。学无止境，我不求最好，只有在今后的学习和研究中吸收借鉴别人的研究成果，不断探讨，不断思考，以求得更好的德法互济的理论方案和实践策略，为国家治理现代化以及道德与法律关系论域提供可借鉴的理论和实践参考。

　　中国依法治国与以德治国问题是一个历史课题，也是一个悠久民族的文化选择课题。随着理论的深入和实践的发展，更多的争论和思索将不断涌现。虽然笔者不敢也无力构建我国德法互济理论的宏伟体系，但每一个理论都需要我们去探索。立足于伟人的肩膀上，不断探索，不断革新，不断进取，探寻国家治理现代化中德法互济之路。我坚信，在我国亿万人民的努力下，我国的社会主义现代化建设将会取得蓬勃的发展，德法互济的道路将会更加科学、合理、明朗。让我们期盼辉煌明天的到来，期盼依法治国与以德治国进一步走向民主发展、和谐统一。

参考文献

外文类

John Austin, Lectures on Jurisprudence, or the Philosophy of Positive Law, London: Schloarly Press, 1977.

Hans Kelsen, Introduction to the Problems of Legal Theory (Trans. by Stanleyl, Paulson&Bonnie Litschewski Paulson), Oxford: Clarendon Press, 1992.

Hans Kelsen, Pure Theory of Law, tr. by Max Knight, Lawbook Exchange Ltd, 1967.

Jeremy Bentham, An Introduction to the Principle of Morals and Law, Oxford University Press, 1823.

Ludwig Gumplowicz, The Outlines of Sociology, Phihclelphie, 1899.

H. L. A. Hart, The Concept of Law, Oxford University Press, 1961.

[美] 庞德：《法律与道德》，陈林林译，中国政法大学出版社 2003 年版。

[古希腊] 亚里士多德：《政治学》，吴寿彭译，商务印书馆 1965 年版。

[古罗马] 西塞罗：《论共和国　论法律》，王焕生译，中国政法大学出版社 1997 年版。

[意] 阿奎那：《阿奎那政治著作选》，马清槐译，商务印书馆 1963

年版。

[英] 洛克:《政府论》(下篇),叶启芳、瞿菊农译,商务印书馆 1964
年版。

[德] 康德:《法的形而上学原理——权利的科学》,沈叔平译,商务
印书馆 1991 年版。

[德] 黑格尔:《法哲学原理》,范扬、张企泰译,商务印书馆 1961
年版。

[美] 富勒:《法律的道德性》,郑戈译,商务印书馆 2005 年版。

[法] 埃米尔·涂尔干:《社会分工论》,渠东译,生活·读书·新知
三联书店 2000 年版。

[美] 庞德:《法理学》(第二卷),邓正来译,中国政法大学出版社
2007 年版。

[英] 梅因:《古代法》,沈景一译,商务印书馆 1959 年版。

[奥] 凯尔森:《法与国家的一般理论》,沈宗灵译,中国大百科全书
出版社 1996 年版。

[英] 威廉·葛德文:《政治正义论》(第一卷),关在汉等译,商务印
书馆 1997 年版。

[德] F. 包尔生:《伦理学体系》,何怀宏等译,中国社会科学出版社
1998 年版。

[俄] 弗兰克:《社会的精神基础》,王永译,生活·读书·新知三联
书店 2003 年版。

[古希腊] 柏拉图:《理想国》,郭斌和、张竹明译,商务印书馆 2002
年版。

[古希腊] 柏拉图:《游叙弗伦　苏格拉底的申辩　克力同》,严群译,
商务印书馆 1983 年版。

[古希腊] 亚里士多德:《尼各马可伦理学》,廖中白译注,商务印书
馆 2003 年版。

[古罗马] 查士丁尼:《法学总论》,张企泰译,商务印书馆 1989 年版。

［美］博登海默：《法理学：法律哲学与法律方法》，邓正来译，中国政法大学出版社 1999 年版。

［古希腊］色诺芬：《回忆苏格拉底》，吴永泉译，商务印书馆 1986 年版。

［英］哈特：《法律的概念》，张文显等译，中国大百科全书出版社 1996 年版。

［美］昂格尔：《现代社会中的法律》，吴玉章、周汉华译，中国政法大学出版社 1994 年版。

［美］罗尔斯：《正义论》，何怀宏译，中国社会科学出版社 1988 年版。

［美］戈尔丁：《法律哲学》，齐海滨译，生活·读书·新知三联书店 1987 年版。

［德］马克斯·韦伯：《经济与社会》（下），林荣远译，商务印书馆 1997 年版。

［古希腊］亚里士多德：《政治学》，吴寿彭译，商务印书馆 1983 年版。

［英］戴雪：《英宪精义》，雷宾南译，中国法制出版社 2001 年版。

［美］彼彻姆：《哲学的伦理学》，雷克勤等译，中国社会科学出版社 1990 年版。

［英］亚当·斯密：《道德情操论》，蒋自强等译，商务印书馆 1997 年版。

［法］孟德斯鸠：《论法的精神》（上），张雁深译，商务印书馆 1954 年版。

［美］弗里德曼：《法律制度》，李琼英、林欣译，中国政法大学出版社 1994 年版。

［德］尼采：《论道德的谱系》，谢地坤等译，漓江出版社 2007 年版。

［美］伯尔曼：《法律与宗教》，梁治平译，三联书店 1991 年版。

［德］康德：《康德的道德哲学》，牟宗三译，西北大学出版社 2008 年版。

［英］培根：《培根论说文集》，水天同译，商务印书馆 1983 年版。

中文类

《马克思恩格斯选集》第 3 卷，人民出版社 1972 年版。

《马克思恩格斯全集》第 18 卷，人民出版社 1964 年版。

《邓小平文选》第 2 卷，人民出版社 1994 年版。

《马克思恩格斯选集》第 1 卷，人民出版社 1995 年版。

南怀瑾：《论语别裁》（上册），复旦大学出版社 1990 年版。

李建华：《法律伦理学》，湖南人民出版社 2006 年版。

肖小芳：《道德与法律：哈特、德沃金与哈贝马斯对法律正当性的三种
　论证模式》，光明日报出版社 2011 年版。

吴真文：《法律与道德的界限——哈特的法伦理思想研究》，湖南师范
　大学出版社 2011 年版。

韩飞：《道德与法律关系辩证思考——论当代中国德法关系对立冲突及
　和谐共融》，硕士学位论文，沈阳师范大学，2009 年。

张文显：《二十世纪西方法哲学思潮研究》，法律出版社 1996 年版。

吴小评：《法治与德治结合论》，硕士学位论文，中国政法大学，
　2005 年。

曹刚：《法律的道德批判》，江西人民出版社 2001 年版。

陈晓雷：《法律运行的道德基础研究》，博士学位论文，哈尔滨工程大
　学，2013 年。

高鸿钧、马剑银：《社会理论之法：解读与评析》，清华大学出版社
　2006 年版。

张志臣：《法治与德治相结合治国理政思想研究》，硕士学位论文，东
　北财经大学，2015 年。

张乃根：《西方法哲学史纲》，中国政法大学出版社 2002 年版。

杨心宇：《法理学研究：基础与前沿》，复旦大学出版社 2002 年版。

王红：《我国"德法合治"的理论与实践研究》，硕士学位论文，首都
　师范大学，2009 年。

李建华、曹刚：《法律伦理学》，中南大学出版社 2002 年版。

涂文娟：　《论道德与法律的关系》，硕士学位论文，湘潭大学，
　　2003 年。

沈宗灵：《现代西方法理学》，北京大学出版社 1992 年版。

郭广银：《伦理学原理》，南京大学出版社 1996 年版。

闫璞：《从法局限性的三个维度看道德与法律的有机结合》，硕士学位
　　论文，青岛科技大学，2012 年。

慈继伟：《正义的两面》，生活·读书·新知三联书店 2001 年版。

高中权：《论法律与道德的冲突及融合》，硕士学位论文，华中师范大
　　学，2003 年。

公丕祥：《法制现代化的理论逻辑》，中国政法大学出版社 1999 年版。

苏力：《送法下乡》，中国政法大学出版社 2000 年版。

魏英敏：《新伦理学教程》，北京大学出版社 1993 年版。

魏洪秀：《论道德的法律化和法律的道德化》，硕士学位论文，上海交
　　通大学，2003 年。

龙大轩、孙启福：《道德与当代法制建设》，南京师范大学出版社 2009
　　年版。

胡锦涛：《坚定不移沿着中国特色社会主义道路前进，为全面建成小康
　　社会而奋斗——在中国共产党第十八次全国代表大会上的报告》
　　(2012 年 11 月 8 日)，人民出版社 2012 年版。

陈秀萍：《变革时期法律与道德的冲突问题研究：兼论法律的伦理性》，
　　中国方正出版社 2008 年版。

郭忠：《法律秩序和道德秩序的相互转化——道德的法律化和法律的道
　　德化问题研究》，中国政法大学出版社 2012 年版。

张瑞敏、毛维国：《"德法合治"思想的历史溯源及其现实意义》，《西
　　南石油大学学报》(社会科学版) 2014 年第 5 期。

张晨、王家宝：《道德法律化与法律道德化》，《政治与法律》1997 年
　　第 5 期。

刘作翔：《法律与道德：中国法治进程中的难解之题：对法律与道德关系的再追问和再思考》，《法制与社会发展》1998 年第 1 期。

孙笑侠：《法的形式正义与实质正义》，《浙江大学学报》1999 年第 5 期。

后　记

　　本书是我在复旦大学从事博士后研究工作期间完成的。两年半的博士后研究学习时光稍纵即逝，这种对时间无常的感悟，既伴随着继续努力前行的艰辛，又充满了吸纳新知识、开辟新天地的无穷乐趣和豪情壮志，这些均凝聚在本书的字里行间。

　　能够走进复旦大学马克思主义学院从事博士后研究工作，不断探索，求知求真，是我的荣幸。能够自入站伊始就在导师高国希教授的带领下参与国家社会科学基金重大项目"国家治理现代化进程中依法治国与以德治国关系研究"课题的申报与研究工作，更是难得的机遇。在导师的指导下开展该课题的相关研究，为本书的写作打下了坚实的基础。本书从选题、写作的思路框架到最后的顺利完成，都倾注了导师的智慧。导师敏锐的学术洞察力、严谨的治学态度、广博的学术知识和高尚的人格魅力让我受益终生，启迪着我也鞭策着我脚踏实地为人，潜心贯注为学。

　　在从事博士后研究的日子里，复旦大学马克思主义学院的老师们给我很多的指导、点拨、帮助和启发。顾钰民教授、肖巍教授、杜艳华教授、邱柏生教授、高晓林教授、徐蓉教授、吴海江教授等老师的学术精神和思想使我获益良多，他们渊博的学识和孜孜以求的学术风范令我十分仰慕和钦佩。学院的蔡春老师也给予我较大的帮助和鼓励。在此，向马克思主义学院的老师们致以最诚挚的感谢。

　　爱妻谢辉凡女士在我做博士后研究工作期间非常不易和痛苦，但她一如既往地支持我的工作和研究，给予我精神动力和无私的爱。从2014年7月至2016年3月，她从备孕、怀孕、流产到重新备孕、寻医问药、高危妊娠、住院保胎、分娩出院，其间的艰辛历程和漫长痛苦只有我感同身受。清楚记得在2016年3月21日凌晨，我们历尽千辛万苦终于迎来了新生命的诞生。感动中的幸福，幸福中的感动。愿以本书献给我的爱妻和我家未来的小博士。

　　本书的写作，参考了同行专家、学者的有关著作、论文，吸收了他们的许多成果，谨致诚挚的谢意。愿以此为更高的新起点，在同行专家、学者的匡谬指正中不断思考、感悟、提升。

　　本书的出版得到了李德芳教授和海南大学马克思主义学院的大力支持，谨于此深表谢忱！

吴清一

2017年3月8日